E-Commerce für kleine und mittelständische Unternehmen

Yannik Süß

E-Commerce für kleine und mittelständische Unternehmen

Konkrete Schritte zum digitalen Erfolg

2. Auflage

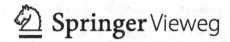

Springer Vieweg

Yannik Süß
Aschheim, Deutschland

ISBN 978-3-658-38664-1   ISBN 978-3-658-38665-8 (eBook)
https://doi.org/10.1007/978-3-658-38665-8

Die Deutsche Nationalbibliothek verzeichnet diese Publikation in der Deutschen Nationalbibliografie; detaillierte bibliografische Daten sind im Internet über http://dnb.d-nb.de abrufbar.

Springer Vieweg

Planung: Petra Steinmüller
Springer Vieweg ist ein Imprint der eingetragenen Gesellschaft Springer Fachmedien Wiesbaden GmbH und ist ein Teil von Springer Nature.
Die Anschrift der Gesellschaft ist: Abraham-Lincoln-Str. 46, 65189 Wiesbaden, Germany

Vorwort

E-Commerce ist ein Wachstumsmarkt – das ist nicht zu bestreiten. Onlineshopping hat unwiderruflich Einzug gehalten in die Lebenswelt und -wirklichkeit besonders der jüngeren Generationen. Ein guter Onlineshop gehört für viele Unternehmen inzwischen zum Portfolio, er wird von den Kunden erwartet, sogar gefordert. Andere Unternehmen beruhen sogar komplett und ausschließlich auf dem Onlinehandel – besonders Anbietern von Nischenprodukten haben sich durch das Internet ganz neue Möglichkeiten eröffnet, ihre Kundschaft direkt und ohne Umwege zu erreichen.

Es ist reizvoll, selbst sein Glück mit einem Onlineshop zu versuchen. Immerhin ist so etwas mit weit weniger Risiko verbunden als ein Ladenlokal in direkter Nähe der Fußgängerzone, oder? Viel weniger Kapital ist vonnöten, und man kann das doch alles selbst aufsetzen und betreuen – heute gibt es doch all diese Softwares und Systeme, mit denen so etwas ganz einfach geht, nicht wahr?

Leider nein – ein Onlineshop mag keine hohen Mietkosten verursachen und weniger Kapital binden als ein reguläres Geschäft – aber trotzdem sollte man sich nicht Hals über Kopf und ohne jede Planung in ein solches Projekt stürzen. Auch ein Onlineshop ist ein Unternehmen, ein Business, selbst wenn man ihn nur einmal probeweise und als Privatperson hochzieht. Damit das Scheitern nicht vorprogrammiert ist, bedarf es sorgfältiger Konzeption, Planung und Durchführung. Bitte machen Sie das sehr genau, um sich viel Ärger und Kosten zu ersparen. Am Ende einer Planung kann auch das Resultat sein, dass der Markt in dem Bereich bereits gesättigt ist. Überprüfen Sie Ihre Anforderungen sehr ausführlich.

Aber wie geht man eine solche Planung an? Im Internet existiert selbstverständlich eine Flut von Artikeln, Tutorials und Whitepapers zum Thema – doch diese Flut überfordert wiederum den Neuling heillos. Hilflos steht man vor endlosen Tipps und Tricks, die sich teilweise sogar widersprechen, es ist schwer, Ordnung in die vielen, vielen Einzelseiten und Artikel zu bringen, sie logisch zu ordnen, damit man tatsächlich einem konkreten Plan folgen kann. Man rätselt, welches Konzept und Vorgehen nun das richtige sein mag, wo man eigentlich am besten anfängt, und ob man vielleicht etwas Wichtiges im Informationsozean übersehen hat. Und gerade im rechtlichen Bereich rächen sich Versäumnisse mitunter bitter – wie ich selbst in meiner langen „Lehrzeit" als E-Commerce-Spezialist mehrfach erfahren habe.

Ich selbst habe mir mein Wissen zum Thema E-Commerce in jahrelanger Arbeit selbst angeeignet – häufig nach dem Prinzip „Versuch und Irrtum". Daraus sind mittlerweile fast 20 Jahre E-Commerce Erfahrung geworden. Mit diesem Buch möchte ich meinen Lesern die vielen Umwege und Irrwege, die ich selbst beschritten habe, ersparen, und ihnen einen Schritt-für-Schritt-Leitfaden an die Hand geben, wie eine konkrete Umsetzung für ein E-Commerce Projekt aussehen kann. Dabei habe ich Wert auf größtmögliche Praxisnähe gelegt, denn theoretische Abhandlungen sind für jeden, der sich mit dem Gedanken an ein konkretes Projekt trägt, nur bedingt nützlich.

Natürlich ist das Thema E-Commerce inzwischen ein unglaublich weites Feld, und jeden Tag wird es mehr. Die Professionalisierung und Ausdifferenzierung schreitet beständig weiter fort, und mehr und mehr entwickeln sich unterschiedliche Systeme für verschiedene Anforderungen. Es ist kaum möglich, in einem Buch alle Eventualitäten abzudecken. Ein kleines Start-up hat andere Anforderungen und interne Prozesse als ein mittelständisches Unternehmen. Schon in der Grundstruktur ergeben sich so riesige Unterschiede. Bei der Produktpalette und den Dienstleistungen geht es weiter – hier eine allgemeingültige Formel für das beste Vorgehen aufzustellen ist so gut wie unmöglich. Daher sind viele Punkte in diesem Buch verallgemeinert dargestellt – Ziel ist es, für eine möglichst breite Leserschaft die Grundlagen darzustellen.

Aus Gründen der besseren Lesbarkeit wird in diesem Buch überwiegend das generische Maskulinum verwendet. Dies impliziert immer beide Formen, schließt also die weibliche Form mit ein.

Ich hoffe, Ihnen mit diesem Buch einen umfassenden und leicht zugänglichen Einstieg in die E-Commerce Branche an die Hand zu geben. Ich wünsche Ihnen viel Spaß und viel Erfolg mit Ihrem Projekt!

München, Deutschland   Yannik Süß

Inhaltsverzeichnis

1 Idee – Konzept – Budget 1
  1.1 Der Businessplan – kein Start ohne Konzept 2
  1.2 Das Produktsortiment 3
  1.3 Die Frage nach der Zielgruppe 4
  1.4 Das Shopsystem 5
  1.5 Marktanalyse 5
  1.6 Marketingmaßnahmen 6
  1.7 Servicekonzept 6
  1.8 Festlegung des Budgetrahmens 7
  1.9 Umsatzziel 8
  1.10 Rahmen 8
  1.11 Alternative: Business Model Canvas 9

2 Software – Technologie – Hosting – SSL 11
  2.1 Die Wahl des Shopsystems 11
  2.2 Technische Grundlagen 12
  2.3 Das richtige System wählen 15
    2.3.1 WooCommerce 16
    2.3.2 Shopify 16
    2.3.3 JTL 18
    2.3.4 Prestashop 19
    2.3.5 Oxid 19
    2.3.6 Plentymarkets 20
    2.3.7 Shopware 21
    2.3.8 Magento 22
    2.3.9 Salesforce Commerce Cloud und SAP Commerce Cloud 23
    2.3.10 Marktanteile Shopsysteme in Deutschland 24
  2.4 Serverwahl 25
  2.5 Die SSL-Verschlüsselung 26

3   Der gelungene Auftritt: Logo – Design und Corporate Identity   29
   3.1   Der optische Auftritt: perfekt auf die Zielgruppe abgestimmt   29
   3.2   Das Logo   30
   3.3   Design und CD   31
   3.4   Unverzichtbar: Responsive Design   32

4   Usability als wichtiger Faktor für den Erfolg von Onlineshops   35
   4.1   One Click!   35
   4.2   Usability als unverzichtbares Kundenbindungsinstrument   36
   4.3   Intuitives Shoppingerlebnis = Umsatzsteigerung   37
   4.4   Weitere Vorteile einer guten Usability   39
       4.4.1   Loyalität und Empfehlungen   39
       4.4.2   Vorteile im Wettbewerb   39
   4.5   Vorteile ausspielen – Produktverlinkung und Cross-Selling   39
   4.6   Kosteneinsparung dank guter Usability   40
   4.7   Usability-Kriterien   40
       4.7.1   Seitengestaltung   40
       4.7.2   Produktpräsentation   41
       4.7.3   Überblick und Kontrolle   42
       4.7.4   Warenkorb und Check-out   43
       4.7.5   Gamification   44
   4.8   Usabilityanalyse   45
   4.9   Die Entwicklung in die Hände von Profis geben   46

5   Umsetzung und rechtliche Fragen   47
   5.1   Professionelle Unterstützung   48
   5.2   Konzeptarbeit   49
   5.3   Lasten- und Pflichtenheft   50
   5.4   Rechtliche Vorgaben   51
       5.4.1   Die Impressumspflicht   52
       5.4.2   Weitere Informationspflichten im Fernabsatzgeschäft   54
       5.4.3   Die „Button-Lösung" – Ihre Informationspflicht auf der
               Bestellseite   55
       5.4.4   Preisangabenverordnung   56
       5.4.5   Allgemeine Pflichten im elektronischen Geschäftsverkehr   57
       5.4.6   Abschriften und Bestätigungen   57
       5.4.7   Widerrufsrecht   58
       5.4.8   Die allgemeinen Geschäftsbedingungen (AGB)   59
       5.4.9   Datenschutz   60
       5.4.10 Wettbewerbsrecht   61
       5.4.11 Urheber- und Markenrechtsschutz   61
       5.4.12 Abmahnungen   62

6 Es geht ums Geld – der Zahlungsprozess 63
  6.1 Die verschiedenen Zahlungsmöglichkeiten 64
    6.1.1 Zahlung auf Rechnung 64
    6.1.2 Zahlung per Vorkasse und Nachnahme 66
    6.1.3 Zahlung per Lastschriftverfahren und Direktüberweisung 67
    6.1.4 Zahlung per Kreditkarte 68
    6.1.5 Zahlung mit PayPal 68
    6.1.6 Was kostet es? 69

7 Versandabwicklung 71
  7.1 Vor dem Versand 72
  7.2 Die Wahl des richtigen Dienstleisters 72
    7.2.1 Dienstleister im Vergleich 74
    7.2.2 Versand ins Ausland 76
  7.3 Die Kommissionierung – reibungslose Abwicklung ist Pflicht 76
  7.4 Retourenmanagement 78

8 Suchmaschinenoptimierung (SEO) 81
  8.1 SEO 82
  8.2 On-Page-Optimierung 83
    8.2.1 Technische Aspekte der On-Page-Optimierung 83
    8.2.2 Inhaltliche Aspekte der On-Page-Optimierung 85
  8.3 Off-Page-Optimierung 85
    8.3.1 Links 85
    8.3.2 Qualität, nicht Quantität – die Wichtigkeit von
          qualitativen Links 86
    8.3.3 Wer verlinkt mich da? 87
    8.3.4 Social Signs 88
    8.3.5 Maßnahmen für Links 88
  8.4 Sauber bleiben: der Unterschied zwischen White-Hat-SEO und
    Black-Hat-SEO 90
  8.5 Die Google Search Console 91
    8.5.1 Funktionen der Google Search Console 91
    8.5.2 Statistik-Tools 92

9 Marketing 95
  9.1 Das A und O: die Zielgruppe 95
  9.2 Werbemöglichkeiten für Onlineshops 96
    9.2.1 Aktualität der eigenen Seite 96
    9.2.2 Online- und Social-Media-Aktivitäten 97
  9.3 Affiliate Marketing 98
    9.3.1 Suchmaschinen-Werbung 99
    9.3.2 Remarketing 100

        9.3.3   E-Mail-Marketing 100

        9.3.4   Pressearbeit 101

        9.3.5   Eintragung auf Preisvergleichsseiten........................ 101

        9.3.6   Zusammenarbeit mit Bloggern und Influencer 102

  9.4   Kosten 102

10   Auswertung – von der Google Analytics-Statistik bis zum
Kundenfeedback 103

  10.1   Google Analytics 103

        10.1.1 Das Datenschutzproblem.............................. 105

        10.1.2 Die Implementierung mit Google Tag Manager 105

        10.1.3 Ziele und Key Performance Indicators 106

        10.1.4 Die Funktionen von Google Analytics.................... 107

  10.2   Kundenfeedback... 109

        10.2.1 Der Feedbackbutton.................................. 110

        10.2.2 Befragung des Kundenstamms 111

        10.2.3 Produktbewertungen 111

  10.3   A/B-Testing 112

Stichwortverzeichnis 113

Idee – Konzept – Budget

> *„Einkäufe per Computer werden niemals die Freuden des persönlichen Einkaufens ersetzen können. "*
>
> John Naisbitt

Zusammenfassung

Den Anfang eines Onlineshop-Projekts bildet ein durchdachter und sorgfältig erstellter Businessplan. In diesem werden die Eckdaten des Projekts detailliert dargelegt. Hierzu gehören Produktpalette und Zielgruppe, das gewählte Shopsystem sowie eine Analyse des Marktes und der Konkurrenzanbieter, mögliche Marketingkanäle und -maßnahmen und das Servicekonzept. Darüber hinaus muss eine möglichst wirklichkeitsnahe Budgetrechnung aufgestellt werden sowie eine Umsatzplanung inklusive Klickraten, Margenziele, Retourenquoten und Conversion Rates. Diese konzeptionelle Auseinandersetzung bildet das Fundament des Projekts.

Mit dieser Aussage lag der amerikanische Prognostiker John Naisbitt ein wenig daneben. Das Kaufverhalten der Menschen hat sich durch die Digitalisierung und Vernetzung der letzten Jahre stark verändert, und der Marktanteil des E-Commerce ist geradezu explodiert. Das virtuelle Shopping erfreut sich im 21. Jahrhundert größter Beliebtheit – die Tatsache, dass die Ware im Internet nicht real in Augenschein genommen werden kann, stört eine beträchtliche Anzahl Kunden ganz offensichtlich überhaupt nicht. Das Internet bietet andere Vorteile: Shoppen rund um die Uhr und sieben Tage die Woche, die Möglichkeit einer einfachen, schnellen und umfangreichen Suche, die in der realen Welt mit großem Zeitaufwand und wehen Füßen einherginge, sowie die eines blitzschnellen Preisvergleichs. Zudem kann der Kunde sich Bewertungen und Meinungen anderer Kunden ansehen, um seine Entscheidung zu treffen – diese Art der Empfehlung übertrifft in der Wirksamkeit häufig die konventionelle Werbung.

Die Umsätze im Bereich E-Commerce sind denn auch über die vergangenen zehn Jahre konstant gewachsen; 2021 betrug der Anteil der Online-Käufer in der Bevölkerung über 82 %.[1] Besonders beliebt im Netz sind Kleidungsstücke, diese führten im Jahr 2021 die Hitliste mit weitem Abstand mit 70 % an.[2] Doch auch Filme, Möbel, Heimzubehör und Gartenartikel liegen weit vorn. Im Jahr 2021 wurden im deutschen Onlinehandel 99,1 Milliarden Euro umgesetzt[3] – eine gewaltige Summe, die im letzten Jahr allein um 19 % und die aller Voraussicht nach in den nächsten Jahren noch weiter steigen wird.

Wer in irgendeiner Form Waren oder Dienstleistungen anbietet, kann sich diesen Zahlen kaum entziehen; ein Onlineshop gehört für die meisten großen Firmen inzwischen selbstverständlich ins Vertriebskonzept. Gleichzeitig sind viele Anbieter entstanden, die ihre Ware ausschließlich online anbieten und gar keine physische Präsenz in Form eines Ladens oder eines Filialnetzes mehr haben. In den Weiten des World Wide Web tummelt sich eine unübersehbare Menge von Anbietern.

Tatsächlich ist ein Onlineshop besonders für „spezielle" Unternehmen mit einer besonderen Produktpalette und/oder Klientel, kleine Start-ups, Gründer und Privatpersonen, die den Schritt zum Händler wagen wollen, eine lohnenswerte Überlegung. Durch die geringen Kosten im Vergleich zur Anmietung eines Ladenlokals sowie der Bezahlung von Verkaufspersonal bietet er sich auch für den schmalen Unternehmer-Geldbeutel an, eröffnet Möglichkeiten zum Ausprobieren und Experimentieren. Zudem ist die Zahl potenzieller Kunden im Netz schlicht größer als im Fall eines stationären Händlers. Im Netz ist auch Platz für ungewöhnliche Ideen und Nischenprodukte – es ist eine Spielwiese für neue Konzepte und Waren.

1.1   Der Businessplan – kein Start ohne Konzept

Trotz der vielen Möglichkeiten, die das Internet auch kleinen und kleinsten Unternehmen bietet, will die Strategie für einen neuen Shop sorgfältig geplant sein, damit sich das Angebot nicht in den Weiten des World Wide Web verliert. Das Überangebot im Netz bedeutet, dass ein nicht durchdachter Shop schnell untergehen kann. Bevor es losgehen kann, muss ein detailliertes Konzept aufgestellt werden – strukturloses Losgaloppieren rächt sich unweigerlich zu einem späteren Zeitpunkt. Das habe ich in zahlreichen Kundenprojekten mit dem eigenen Auge erlebt. Dieser Schritt wird gerne (fast immer) über-

[1] https://www.destatis.de/Europa/DE/Thema/Wissenschaft-Technologie-digitaleGesellschaft/Online_Shopping.html 31.05.2022.

[2] https://ec.europa.eu/eurostat/databrowser/view/ISOC_EC_IBGS__custom_1986968/bookmark/table?lang=de 31.05.2022.

[3] https://de.statista.com/statistik/daten/studie/71568/umfrage/online-umsatz-mit-waren-seit-2000/ 31.05.2022.

sprungen und somit treten Probleme auf, die mit einem strukturierten Plan nicht aufgekommen wären. Leider gefährdet dies dann oft das Projekt selbst oder bei einem reinen Onlineshop Konzept sogar das ganze Unternehmen.

Ein Onlineshop ist ein Business wie jedes andere auch, und daher gilt auch hier: kein Geschäftsstart ohne einen vernünftigen Businessplan. Onlineshops schießen nur so aus dem Boden, und wer es nicht schafft, sich von der Konkurrenz abzuheben, der ist zum Scheitern verurteilt. Auch bei dem Versuch, Banken oder andere Investoren zu einem Kredit zu bewegen, ist ein professionell gestalteter Businessplan unabdingbar.

Bevor das Projekt an den Start gehen kann, sind also eine umfangreiche Auseinandersetzung mit der eigenen Idee und eine gründliche Recherche notwendig, für die man sich unbedingt die erforderliche Zeit nehmen sollte. Der Businessplan muss alle wichtigen Eckdaten des geplanten Onlineprojekts beinhalten. Er sollte mindestens die folgenden Fragen beantworten:

- Produktpalette: Welche Produkte wird der Onlineshop anbieten?
- Zielgruppe: An welche Käufergruppe/n richtet sich der Shop?
- Technik: Welches Shopsystem soll genutzt werden?
- Marktanalyse: Wie steht es um die Konkurrenz? Welche Shops bieten ähnliche oder gar gleiche Produkte an, und wie kann der eigene Shop sich von der Konkurrenz abheben? Ist der Markt vielleicht schon gesättigt? Was sind mögliche Alleinstellungsmerkmale, auch USPs genannt (Unique Selling Proposition)?
- Marketing: Wie kann die Zielgruppe effektiv angesprochen und auf die Seite geholt werden? Welche Marketing-Maßnahmen sind sinnvoll? Mit welchen Partner und Agenturen kann ich meine gewünschten Ziele erreichen?
- Servicekonzept: Wie und durch wen erfolgt der Warenversand? Übernehmen wir den Versand selbst? Möchten wir mit einem Logistiker zusammenarbeiten? In welchem Umfang soll Kundensupport angeboten werden?
- Finanzen: Welches Budget steht zur Verfügung? Wie soll dieses eingesetzt werden?
- Ziele: Welche Umsatzziele werden verfolgt? Was sind die angestrebten Klickraten, Margenziele, Retourenquoten, Conversion Rates etc.?

Die Antworten zu diesen Fragen müssen im Businessplan präzise niedergelegt werden, inklusive einer Kalkulation, welche die Kosten für das Projekt transparent macht.

Ein Businessplan ist auch nicht in Stein gemeißelt, es ist vielmehr ein Projektplan der sich immer wieder verändert und sich an die aktuellen Umstände anpasst.

Es gibt noch eine vereinfachtere Version die ich unter Abschn. 1.7 vorstelle.

1.2 Das Produktsortiment

Die Produktpalette des geplanten Onlineshops sollte im Businessplan konkret beschrieben sein, einige wichtige Kernfragen müssen unbedingt beantwortet werden:

- Welche Produkte werden angeboten?
- Woher werden die Produkte bezogen?
- Zu welchen Konditionen werden diese eingekauft?
- Welche Gewinnmargen sind vorgesehen?
- Welche Preisgestaltung ergibt sich hieraus?
- Welche Lieferzeiten müssen eingeplant werden?
- Soll es eine Lagerhaltung seitens des Betreibers geben (Dropshipping)?
- Sind zusätzliche Dienstleistungen vorgesehen? Wenn ja, welche?

Die Auswahl der Produktpalette kann kaum sorgfältig genug erfolgen – es gibt unzählige Onlineshops im Netz, und nur wer etwas Besonderes (entweder in punkto Produkt oder Preis) anbietet, hat eine Chance, sich von der Konkurrenz zu unterscheiden. Daher lohnt es sich, zu Beginn eines Shop-Projekts intensiv darüber nachzudenken, welche Alleinstellungsmerkmale der eigene Shop haben soll. Nischen bieten häufig bessere Erfolgschancen als übersetzte „Allerweltsprodukte".

Besondere Aufmerksamkeit muss vor diesem Hintergrund der Preisgestaltung geschenkt werden – das Internet erlaubt blitzschnelle und umfangreiche Preisvergleiche, so dass jeder Kunde sofort ermitteln kann, ob er das Angebot des einen Shops in einem anderen günstiger erwerben kann. Wer sich in einem sehr überlaufenen Produktmarkt bewegt, hat kaum eine andere Chance, als sich über Kampfpreise durchzusetzen – ein exklusives Sortiment oder ein besonderes Dienstleistungsangebot, das nicht auf unzähligen anderen Seiten (fast) genauso zu bekommen ist, wiederum erlaubt höhere Preise und so auch höhere Margen.

Auch über eine zielgruppengerechte Präsentation sollte an dieser Stelle nachgedacht werden, ebenso über die Wahl des Shopsystems, wobei darauf zu achten ist, dass ein möglichst übersichtliches und benutzerfreundliches System gewählt wird.

1.3   Die Frage nach der Zielgruppe

Produktpalette und Zielgruppe sind eng miteinander verwoben und beeinflussen sich gegenseitig – umso genauer müssen sie aufeinander abgestimmt sein. Welcher dieser beiden Parameter auch immer als erster feststeht, er bestimmt in der Folge den anderen.

Letztlich bildet die Zielgruppe den Dreh- und Angelpunkt des Gesamtkonzepts eines jeden Onlineshops und steht immer im Mittelpunkt einer jeden Business-Entscheidung. Es muss ohne jeden Zweifel klar sein, für wen die Produkte bestimmt sind und warum diese Personen sie kaufen sollten. Die Zielgruppe bestimmt neben dem Angebot des Shops auch Design und Usability sowie Marketingmaßnahmen. Je genauer und konkreter sie definiert ist, desto besser – undifferenzierte und sehr große Zielgruppen sorgen für große Streuverluste bei sämtlichen Vermarktungsmaßnahmen, da in einer großen Gruppe nicht alle Kundenwünsche und -vorlieben gleichermaßen angesprochen werden können. Ein Onlineshop aber muss, soll er Erfolg haben, genau und ganz individuell auf die Bedürfnisse seiner Zielgruppe ausgerichtet werden – vom Angebot bis hin zur optischen Gestaltung.

Die erste Frage lautet: Handelt es sich bei den Kunden um Privat- oder Geschäftskunden? Erst danach kommen auch Alter und Geschlecht der Personen als weitere Merkmale hinzu. *Brauchen* diese Personen die Produkte? Oder sind es eher Geschenke und Luxusartikel, die für die Alltagsbewältigung nicht zwingend notwendig sind? Welche Vorlieben hat die ausgewählte Zielgruppe? Was braucht sie? Was wünscht sie sich? Woran erfreut sie sich? Womit verbringt sie ihre Freizeit, wofür investiert sie gerne Geld? Mit welcher Art von Optik kann man sie ansprechen? Auch das Einkommensniveau spielt eine extrem wichtige Rolle, denn es beeinflusst den möglichen Preisrahmen der Produkte – kann sich die Zielgruppe diese nicht leisten, nützt das schönste Konzept nichts. Es ist sehr schwer seine eigene Zielgruppe (gerade am Anfang) zu definieren. Deshalb kann dies auch erst einmal grob definiert und dann mit der Zeit genauer angepasst werden.

Das Design der Website sowie die Platzierung der einzelnen Produkte werden an diesen Faktoren ausgerichtet und orientieren sich somit ganz speziell an den Bedürfnissen der festgelegten Zielgruppe. Dasselbe gilt für den Content. Ein zielgruppengerechter Startseitentext, informative Kategoriebeschreibungen und ansprechend formulierte und treffende Produktbeschreibungen sind unersetzlich.

1.4   Das Shopsystem

Es gibt eine Vielzahl verschiedener Systeme und Softwares für Onlineshops, von sehr simplen und kostengünstigen Lösungen (Open-Source) bis hin zu sehr ausgeklügelten für große Firmen mit riesiger Produktpalette. Die Wahl sollte sich an den Anforderungen des Unternehmens richten. Ein kleines Start-up wird eine ganz andere Liste haben als ein mittelständisches Unternehmen.

Eine detaillierte Auflistung möglicher Softwarelösungen ist in Kap. 2 zu finden.

1.5   Marktanalyse

Eine genaue Marktbetrachtung im Vorfeld erspart manches Scheitern. Bevor ein eigenes Shop-Projekt gestartet wird, ist es unverzichtbar, das Konkurrenzumfeld genau in Augenschein zu nehmen. Es hat wenig Sinn, sich in einen völlig überfüllten Markt zu stürzen, in dem möglicherweise zwei, drei Platzhirsche das Geschehen beherrschen – gegen solche Riesen zu arbeiten, ist als neuer Anbieter so gut wie unmöglich, sofern man nicht ein ganz und gar einzigartiges Alleinstellungsmerkmal identifiziert hat. Darum muss frühzeitig genau analysiert werden:

- Welche Shops verkaufen ähnliche Produkte, oder gar die gleichen?
- Welche Marktmacht haben diese Konkurrenten? Gibt es einige wenige große Shops, oder verteilt sich der „Kuchen" auf viele kleine Anbieter?
- Mit welchen Produkten werden die größten Erfolge erzielt?

- Welche Stärken und Schwächen hat die Konkurrenz? Kommentarspalten, Analysen und Bewertungsforen können aufschlussreich sein.
- Wie ist es möglich, sich von ihr abzuheben? Kann ein verbessertes Produkt (schöner, haltbarer, nutzerfreundlicher etc.) angeboten werden? Oder das gleiche Produkt billiger? Ist es möglich, zusätzliche Dienstleistungen anzubieten, um den Kunden zu überzeugen?
- Lassen sich Lücken im Angebot der Konkurrenz identifizieren, in die man stoßen kann?

Analysetools wie z. B. Google Trends leisten hier nützliche Dienste, sowohl zum Recherchieren von Marktanteilen als auch zum Erkennen von generellen Trends. Auch bei Google Shopping, Amazon Bestseller Listen oder auch eBay lassen sich viele Informationen finden.

1.6   Marketingmaßnahmen

Die Zielgruppe bestimmt nicht nur die Produktpalette eines Onlineshops, sondern gibt auch die möglichen Marketingmaßnahmen vor. Die Kernfrage ist: Wie wird die Zielgruppe zu diesem Onlineshop gelangen, wie kann dieser bekannt werden? Die Internetgewohnheiten der Zielgruppe müssen demnach genau recherchiert werden. Wo im Netz hält sie sich auf, auf welchen Seiten surft sie? Welche Blogs liest sie? In welchen Facebook-Gruppen ist sie Mitglied? Auf welchen einschlägigen Seiten kann gezielt Werbung geschaltet werden, um die Zielgruppe direkt abzuholen? Soll es eine Instagram-Seite geben, eine Facebook-Seite, einen Twitter-Account? Oder ist es eine ganz andere junge Zielgruppe, die bei TikTok oder Snapchat beworben werden sollte? Bei einer Business Leistung oder Produkte könnte Xing bzw. LinkedIn der richtige Kanal sein? Lohnt es sich eventuell, einen eigenen Blog zu starten, um die Zielgruppe zu interessieren? Letzteres muss genau überlegt werden, denn das regelmäßige Bespielen eines Blogs mit Inhalten ist eine zeitaufwendige und kostspielige Angelegenheit, die nicht unterschätzt werden darf. Ein geschickt platzierter und betriebener Blog kann jedoch für einen Onlineshop eine bedeutende Marketingwirkung haben.

1.7   Servicekonzept

Eine gute Produktpalette in einem ansprechenden Shop genügt nicht. Auch ein durchdachtes Servicekonzept gehört zum Businessplan. Folgende Fragen sollten geklärt werden und auch in die Budgetplanung einfließen:

- Wie und durch wen erfolgt der Warenversand? Ist dieser Aufwändig (Logistik)?
- Wird ein Dienstleister beauftragt? Welcher? Zu welchen Kosten?
- Soll der Kunde die Möglichkeit haben, die Produkte und/oder Dienstleistungen zu bewerten?

- Braucht der Käufer einen Kundensupport? In welchem Umfang? Nur rund um den Versand, oder könnte er Hilfe bei der Nutzung der Produkte benötigen?
- Soll der Kundensupport als E-Mail-Support, Telefon-Support, Chat-Support oder in allen Varianten gleichzeitig angeboten werden? Wird dies inhouse erledigt oder über ein gebuchtes Callcenter?

1.8 Festlegung des Budgetrahmens

Allgemein gesprochen ist ein Onlineshop nichts anderes als ein normales Ladengeschäft. Auch dieses hat eine bestimmte Zielgruppe im Blick und richtet sich in Einrichtung und Angebot nach deren Bedürfnissen. Wie ein Ladengeschäft bekommt auch der Onlineshop Traffic (Laufkundschaft). Während beim Geschäft eine Miete anfällt, werden beim Onlineshop Kosten für die Infrastruktur fällig.

Wie für jedes Unternehmen muss für einen geplanten Onlineshop im Vorfeld ein Budget festgelegt werden, um jederzeit abgleichen zu können, ob der Shop wirtschaftlich arbeitet oder nicht. Wie viel Geld steht insgesamt zur Verfügung? Hiervon hängt ab, wie viel Geld monatlich investiert werden kann; auf dieser Basis kann wiederum das Umsatzziel des Shops festgelegt werden. Wird z. B. der Onlineshop auf ein Budget von 15.000 Euro kalkuliert und diese Summe für eine fünfjährige Betriebsdauer angesetzt, dann stehen 250 Euro im Monat zur Verfügung. Der Businessplan sollte möglichst detailliert aufschlüsseln, wie das errechnete monatliche Budget ausgegeben werden soll.

Bedacht werden muss, dass zum Projektstart einmalig höhere Kosten anfallen, sowohl für die Anschaffung von Equipment als auch ggf. für das Einkaufen von Lizenzen und auch Dienstleistungen, z. B. von Agenturen, Textern, Fotografen, Rechtsanwälten etc. Es sollte jedoch gerade in der Anfangsphase nicht jeder Cent umgedreht und nicht an der Qualität gespart werden, denn hier lohnt es sich oftmals, das Budget höher anzusetzen und zu Beginn mehr zu investieren, damit sich der Onlineshop am Ende durch eine erstklassige Qualität von der Konkurrenz abhebt und die Kunden sich rundum wohlfühlen.

Die laufenden Kosten müssen ebenfalls möglichst konkret vorausberechnet werden. Sie teilen sich in Personalaufwand und Sachaufwendungen. Es muss festgelegt werden, welche Aufgaben selbst übernommen werden können und wofür Kapazitäten von extern eingekauft werden müssen. Es muss spezifiziert werden, welcher Dienstleister für welche Entlohnung welche Aufgaben, wie zum Beispiel die Technik oder die Aktualisierung der Webseite, übernimmt, und wer für die Bestellabwicklung, den Versand, den Support oder die Buchhaltung verantwortlich ist. Unter Sachaufwendungen werden u. a. Büromieten, Lagergebühren und Domaingebühren verstanden, aber auch Aufwendungen für Equipment wie Briefpapier, Versandmaterial o. ä. Sämtliche solcherart verursachten Kosten müssen bei der Budgetfestlegung mit bedacht und in die Kalkulation aufgenommen werden. Auf dieser Basis kann berechnet werden, welcher Umsatz notwendig ist, um die Kosten und eventuelle Gehälter einzufahren.

Kann das berechnete Budget im weiteren Verlauf nicht in der niedergelegten Form eingehalten werden, muss dies kein Grund zur Panik sein. Die Realität unterscheidet sich wie so häufig von der Theorie, und Anpassungen im laufenden Betrieb sind keine Seltenheit. Es verbietet sich jedoch jede Art von Augenwischerei oder Schönrechnerei – vielmehr ist es immer sinnvoll, einen finanziellen Puffer einzuplanen, denn teurer werden viele Dinge erfahrungsgemäß ganz von allein.

1.9   Umsatzziel

Die am schwierigsten zu beantwortende Frage ist wohl die nach dem Umsatzziel. Wie viele Besucher werden den Onlineshop im Monat besuchen und wie viele werden Produkte zu welchen Preisen kaufen? Eine präzise Antwort ist fast unmöglich, vielmehr hat man es hier mit Schätzungen zu tun. Sinnvoll sind konservative Schätzungen, denn im überfüllten E-Commerce-Markt sind rauschende Überraschungserfolge eher unwahrscheinlich.

Wichtig ist, an dieser Stelle das für einen wirtschaftlichen Betrieb des Onlineshops notwendige Mindestumsatzziel sowie die Margenziele zu definieren; so kann jederzeit abgeglichen werden, ob das Projekt sich noch im grünen Bereich bewegt.

Auch für die wichtigsten KPIs (Key Performance Indicators) sollten zumindest Ziele formuliert werden. Werden diese nicht erreicht, können Maßnahmen zur Verbesserung ins Auge gefasst werden. Die entscheidenden KPIs, die in die Planung einfließen sollten, sind:

- Besucherzahlen
- Besuchsdauer
- Absprungrate
- Conversation Rate (d. h. wie viele Seitenbesucher kaufen tatsächlich etwas)
- Retourenquote

Zum Thema KPIs siehe auch Kap. 9 zum Thema Performance-Auswertung.

1.10   Rahmen

Der ausformulierte Businessplan ist Planungsgrundlage und bietet so ein Rahmen für unser E-Commerce Projekt. Er erfüllt jedoch nicht die Aufgabe eines genauen Fahrplans. Erfordern es die Umstände – und diese ändern sich in der schnelllebigen Internetwelt oftmals recht zügig –, muss das Konzept angepasst werden. Dennoch, eine gute Planung vermeidet manchen Irrweg. Es empfiehlt sich, ausreichend Zeit auf den Businessplan zu verwenden – die Investition zahlt sich später aus! um Thema KPIs siehe auch Kap. 9 zum Thema Performance-Auswertung.

1.11   Alternative: Business Model Canvas

Falls aus Zeitgründen oder aus fehlender Motivation kein Businessplan angefertigt werden kann, dann wäre vielleicht ein guter Kompromiss mit einem Business Model Canvas (oder auch Business Plan Canvas) anzufangen.

Ein Business Model Canvas ist ein Organisationswerkzeug, das dabei hilft, die Entwicklung eines potenziellen Geschäftsmodells zu visualisieren. Es beschreibt die Komponenten, die erforderlich sind, um ein Unternehmen erfolgreich auf den Markt zu bringen. Das alles lässt sich auf einem A4 (besser A3) Blatt aufzeigen.

Das Endziel ist es, ein besseres Verständnis der Zielgruppe zu erlangen, wie man einen Gewinn erzielt und wie man ein einzigartiges Angebot liefert. Dies sind einige der Schlüsselkomponenten für die Verwendung eines Geschäftsmodells und müssen definiert werden, um eine erfolgreiche Markteinführungsstrategie zu erreichen.

Diese Vorlagen machen die Kernelemente eines Geschäftsplans schmackhaft und leicht verständlich und bieten gleichzeitig schnelle Visualisierungen dieser Informationen.

Zu finden ist dieser hier: https://intent.de/bmc.pdf – mit einer ausführlichen Erklärung (siehe Abb. 1.1).

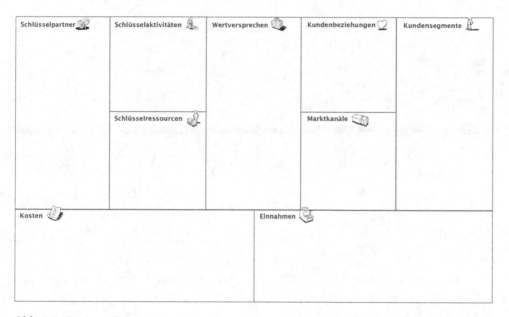

Abb. 1.1 Business Canvas

Software – Technologie – Hosting – SSL

2

Zusammenfassung

Der zweite Schritt auf dem Weg zur Verwirklichung eines Onlineshops ist die technische Umsetzung. Der Händler hat die Wahl zwischen verschiedenen Softwarelösungen für seinen Onlineshop – die populärsten werden hier im Detail vorgestellt. Die Wahl lässt sich kriterienorientiert an den Anforderungen des geplanten Shops, den Mitarbeiter-Kapazitäten für die Pflege des Shops und dem Budget des Projekts treffen. Im Folgenden finden Sie eine Analyse der unterschiedlichen Softwarelösungen hinsichtlich ihrer Eignung für verschiedene Shop-Arten. Darüber hinaus wird in diesem Kapitel die Frage der Serverwahl angesprochen sowie die Möglichkeit eines angegliederten Warenwirtschaftssystems.

2.1   Die Wahl des Shopsystems

Es ist so weit – der Händler hat die Entscheidung getroffen, mit seinem Shop umzuziehen. Das Ziel ist jedoch keine internationale Metropole, sondern der größte Marktplatz aller Zeiten: Das World Wide Web. Man könnte denken, dass eine Neueröffnung eines Ladengeschäfts und das Eröffnen eines Onlineshops nichts gemeinsam haben, doch werden sich dem Leser die Parallelen im Folgenden eröffnen.

Plant der Händler, ein neues Ladengeschäft zu eröffnen, so ist einer der ersten Schritte die Suche nach dem geeigneten Ladenlokal. An dieses richten sich – je nach Art, Produktpalette und Größe des geplanten Shops – spezifische Anforderungen. Die Ladenfläche muss genug Raum bieten, um alle Produkte attraktiv zu präsentieren. Ist ein angegliedertes Lager nötig, so muss dieses groß genug sein und je nach Produkt zum Beispiel eine Küh-

© Springer Fachmedien Wiesbaden GmbH, ein Teil von Springer Nature 2022
Y. Süß, *E-Commerce für kleine und mittelständische Unternehmen*,
https://doi.org/10.1007/978-3-658-38665-8_2

lung enthalten. Zudem muss die Ladenmiete den antizipierten Umsätzen angepasst sein, ein zu großer Shop birgt das Risiko der Pleite, ein zu kleiner Shop steigert die Umsätze hingegen verhältnismäßig wenig. Zuletzt muss der gewählte Standort des neuen Ladengeschäfts auch das richtige Kundenprofil ansprechen.

Ähnlich gestaltet sich die Gründung eines Onlineshops. Auch hier ist essenziell, den Shop an die individuellen Ansprüche des Händlers anzupassen. Darum ist es für den Händler notwendig, die Möglichkeiten und Grenzen der unterschiedlichen existierenden Shopsysteme zu kennen, um zu beurteilen, welches System seine Ansprüche bestmöglich erfüllt. Des Weiteren gilt es zu klären, ob ein Onlineshop eine separate Warenwirtschaft benötigt – analog zum Warenlager, das an das Ladengeschäft angegliedert ist. Das Frontend des Onlineshops kann wiederum als das Schaufenster des Ladengeschäfts betrachtet werden.

Sie sehen: Ob Ladengeschäft oder Onlineshop, das geeignete Vorwissen ermöglicht dem Händler die richtige Entscheidung.

Neben zahlreichen kostenpflichtigen Lösungen gibt es auch einige Anbieter von Open-Source Lösungen. Jedoch gilt die Faustregel „was umsonst ist, kann nichts taugen" in diesem Zusammenhang nicht. Wo zu hohe Kosten sicherlich ein Ausschlusskriterium sein können, sind es zu niedrige kaum. Die Vielzahl an Lösungen, welche das Internet auflistet, bietet ein breites Spektrum an kostenlosen sowie kostenpflichtigen Lösungen für die unterschiedlichen Anforderungsprofile der Shops. So können auch bei den kostenpflichtigen Softwares qualitative Mängel gefunden und bei den kostenlosen Shopsystemen funktionale Vorteile festgestellt werden.

Im Zweifelsfall empfiehlt es sich, in dieser essenziellen Phase professionelle Hilfe in Anspruch zu nehmen, um den Onlineshop aufzusetzen. Eine solche Investition erspart nicht nur jede Menge Ärger, Stress und Verzweiflung, sondern auch umständliche und teure nachträgliche Reparaturen oder Migrationen.

2.2   Technische Grundlagen

Für den Laien ist der Eintritt in die Welt der Onlineshops gleichzusetzen mit dem Erlernen einer neuen Sprache. Schier unendlich viele Fachbegriffe erschweren das Eintauchen in die technische Materie, doch glücklicherweise reichen kurze Erläuterungen aus, um den Großteil der Begrifflichkeiten verstehen zu können. Benutzerfreundlichkeit zeichnet die meisten Softwarelösungen aus und gehört zu deren Geschäftsmodell. So setzt die Vielzahl der Systeme keine tiefgehenden technischen Kenntnisse voraus. Somit besteht in der Regel keine Notwendigkeit, einen Profiprogrammierer anzuheuern, um das richtige Shopsystem auszuwählen. Vielmehr empfiehlt es sich für Laien, die Basics zu verstehen und das Umprogrammieren der Software Experten zu überlassen – alles andere kann horrende Probleme und folglich auch Kosten mit sich bringen.

Im Folgenden finden Sie ein kleines Glossar der wichtigsten Begriffe im Bereich der Onlineshop-Terminologie.

- API

  Eine API (Application Programming Interface) ist eine Schnittstelle, welche Soft- und Hardwarekomponenten verbindet sowie den automatischen Datenaustausch ermöglicht. Für den modernen Onlineshop Betreiber sind APIs überaus relevant, sollen doch die Produkte über den Onlineshop hinaus automatisch an verschiedene Marktplätze wie z. B. Amazon, Google, Facebook oder Instagram verteilt werden. Ein weiterer Anwendungsbereich könnten zum Beispiel die Lagerbestände von den Händlern sein. Damit könnte man Lieferzeiten für gewisse Produkte automatisiert in den Shop importieren lassen. Zudem hat es Sinn, die Datenauswertung automatisch an den Steuerberater senden zu können. Auch dafür kann eine API nützlich sein. Im heutigen Onlineshop Business dreht sich sehr viel um die API und ist ein wichtiger Bestandteil geworden.

- Backend

  Das Backend bezeichnet die technische Seite des Systems. Onlineshop Betreiber und Programmierer arbeiten im Backend, somit stellt das Backend den administrativen Teil des Shops dar. Im Backend werden die Einstellungen vorgenommen, Schnittstellen zu Drittprogrammen genutzt und eingerichtet oder auch Datenbanken hinterlegt und gepflegt. Das Backend ist die Steuerzentrale des Shops, in der sämtliche Funktionen verwaltet und auch bearbeitet und geändert werden können. Dazu gehört oft auch die Verwaltung von Produkt-, Kunden- oder Bestelldaten.

- Cloud

  Aus dem Englischen übersetzt „Wolke". Die Cloud ist ein Speicher, welcher meist über das Internet und geräteunabhängig mit wenig Aufwand Daten zur Verfügung stellt. Eine Cloud ist somit eine „Online-Festplatte". Für modernes Arbeiten mit unterschiedlichen Onlineshop Betreibern – gerne auch flexibel im Homeoffice – ist eine Cloud-Lösung unerlässlich. Die meisten Shopsysteme haben das Arbeiten in der Cloud bereits vollständig integriert. Manche Shopsysteme liegen sogar gänzlich in der Cloud und beinhalten auch das Hosting der Daten, sodass die Kosten für das Hosting entfallen. Zu beachten ist, ob die Daten in der Cloud datenschutzkonform lagern.

- Frontend

  Als Frontend bezeichnet man die Ebene des Onlineshops, auf welche der Kunde Zugriff hat, also das digitale Schaufenster. Es ist also der Teil eines Onlineshops, welcher für den Betrachter sichtbar ist (grafische Benutzeroberfläche). Webdesigner gestalten das Frontend und ermöglichen so einen benutzerfreundlichen Zugriff auf die Daten und Prozesse des jeweils zugrunde liegenden Backends in einer vereinfachten und abstrahierten Darstellung. Darunter fallen die Ansicht des Shops, die der Kunde zu sehen bekommt, inklusive aller Funktionen, Produkte, Kategorien, Login, Kundenkonto etc.

- Hosting

  Wer seine Daten selbst hosted (s. self-hosted), benötigt einen Host, der einen Server zu Verfügung stellt. Die Tarife der Hosts unterscheiden sich abhängig von der Geschwindigkeit und dem bereit gestellten Datenspeicher und liegen inkl. SSL-Zertifikat monatlich im zweistelligen Euro-Bereich. Die meisten Anbieter bieten dynamische Pakete an, sodass die Systeme mit steigendem Traffic auf der Seite mitwachsen können. Die Ladezeit des Shops sollte schließlich auch dann nicht zu lange sein, wenn viele Besucher auf der Seite verweilen. Es gibt mittlerweile zahlreiche etablierte Hosting-Anbieter, die sich auf das Hosting von Onlineshops und unterschiedliche Shopsysteme spezialisiert haben. Profis haben darüber hinaus natürlich die Möglichkeit, das Hosting mit einem eigenen Server selbst zu übernehmen.

- Migration

Eine Migration bezeichnet schlicht den Wechsel auf ein neues Shopsystem oder das „Umziehen" eines Shops auf eine aktuelle Softwareversion. Was leicht klingt, kann unter Umständen ein gewaltiger Akt sein. Onlineshop Betreiber wechseln die Systeme nicht kurzerhand, denn gewöhnlich hängt nicht nur das Frontend, sondern auch eine große Anzahl an zusätzlichen Datenimporten und Datenexporten daran (z. B. an die Warenwirtschaft oder Marktplätze). Insofern ist die Auswahl des richtigen Shop-systems mit Bedacht zu treffen.

- Open-Source

Der Begriff Open-Source heißt „offener Quellcode" und bezeichnet solche Software, die jeder nach Belieben studieren, benutzen, verändern und kopieren darf. Sie ist kostenlos zugänglich und kann für jeden beliebigen Zweck genutzt werden. Gerade wenn Sie Ambitionen haben, ihren Shop mit Eigenentwicklungen zu gestalten, sollten sie klären, inwiefern das Shopsystem Ihrer Wahl quelloffen ist.

- Plugin

Ein Plugin bezeichnet ein Programm einer Software, auf welches man von anderen Softwareanwendungen zugreifen kann, um deren Funktionalität zu erweitern. Plugins sind somit nichts anderes als „Apps" für eine Software – Funktionen, die nach Belieben einem Shop hinzugefügt oder entfernt werden können. Es gibt unzählige Module für jede nur erdenkliche Funktion – z. B. für eine Direktschnittstelle zu DHL für den Warenversand, für Zahlungsarten, für das Einbetten von Videos in den Shop, Bonus-punkte, Gutscheine, Adventskalender und vieles mehr. Die Preisgestaltung von Plugins ist überaus heterogen und erstreckt sich je nach Shopsystem und Plugin von 0 bis zu mehreren Hundert Euro.

- Responsive Design

Beim Responsive Design handelt es sich um die Entwicklung von unterschiedlichen Darstellungsformen je nach Bildschirmgröße oder Endgerät. Der Zweck von Respon-sive Design ist es, Websites unabhängig vom verwendeten Endgerät ohne Komplikatio-nen nutzen zu können. So wird losgelöst vom Endgerät eine maximale Besucherfreund-lichkeit erzielt. Für die meisten Shopsysteme ist eine responsive Umsetzung des Frontends Standard.

- Template

Als Template bezeichnet man speziell im Bereich des Webdesigns Dateien, die inhalt-lich das Layout einer oder mehrerer Seiten eines Webauftritts beschreiben, für darzu-stellende Inhalte jedoch Platzhalter vorsehen. Die in Templates vorhandenen Platz-halter werden dynamisch mit Inhalten ersetzt. Sie bilden Formatvorlagen für das

Design, die Sie mit Ihren Inhalten (sowohl Text als auch Grafik) befüllen und teilweise auch auf Ihre Vorstellungen anpassen können. Mit dem richtigen Know-How ist in vielen Shopsystemen eine vollkommen freie Gestaltung der Inhalte möglich. Dafür benötigen Sie die Kompetenz, im Template durch Programmierungen Änderungen vorzunehmen.

- Traffic
  Je höher der Traffic, desto höher der absolute Anteil an Besuchern, die sich für ein Produkt oder eine Dienstleistung interessieren. Kalkulieren Sie bei der Wahl Ihres Systems und des Servers ein, inwiefern auch eine größere Menge an Besuchern Ihren Shop aufsuchen kann (s. Hosting). Typischerweise suchen Ihre Kunden den Shop nicht gleichmäßig über die Woche verteilt auf, sondern bilden Spitzen (z. B. am frühen Abend). Um den Traffic im Shop zu erhöhen, schalten Onlineshop Betreiber Werbung oder entwickeln SEO-Kampagnen mit dem Ziel, bei Google besser gefunden zu werden.
- Warenwirtschaft
  Eine Warenwirtschaft dient der laufenden Inventur des Warenbestands. In der Warenwirtschaft (kurz: „Wawi") werden die Daten der Bestellungen, der Kunden und der Waren erfasst und bereitgestellt und Rechnungen sowie Geldeingänge gemanaged. Oft besteht auch die Möglichkeit, Produkte direkt aus einer Warenwirtschaft in einem oder mehreren Onlineshops sowie auf unterschiedlichen Marktplätzen anzubieten.

2.3   Das richtige System wählen

Initial muss der Händler für sich klären, welche Anforderungen er an seinen Shop hat. Wie groß ist die Produktpalette? Wie viele unterschiedliche Produktkategorien gibt es? Werden tendenziell Einzelbestellungen oder Großeinkäufe getätigt? Welches Kundenprofil soll angesprochen werden? Welches Design eignet sich für die Marke?

Sind diese Grundfragen geklärt, so kann sich der Händler an die Zukunftsplanung machen und sich weiterführenden Fragen stellen: Welches Budget habe ich? Will ich mehr Geld für den laufenden Betrieb ausgeben und anfangs geringe Einmalkosten (z. B. für Starter) oder bevorzuge ich minimale laufende Kosten und hohe Einmalkosten? Welche Rolle darf eine Performance Fee, also eine Umsatzbeteiligung der Shopsoftware, spielen? Welchen Teil der anstehenden Aufgaben will ich selbst erledigen, wo will oder muss ich eine Dienstleistung in Anspruch nehmen? Kann ich meinen E-Commerce-Traum in der aktuellen Shopumgebung wahr werden lassen oder muss ich im Erfolgsfall die Plattform wechseln und so quasi neu starten oder aufwendig migrieren? Welche Märkte will ich außer der Storefront ansprechen (Amazon, Google, Otto und Co.)? Ist eine Warenwirtschaft geplant? Wenn ja, dann muss diese entsprechend kompatibel sein. Ist eine Eigenprogrammierung notwendig oder sind die Funktionalitäten meiner Wahl in der Shopsoftware bzw. in vorkonfigurierten Plugins enthalten?

Im Folgenden werden die wichtigsten Systeme im Detail vorgestellt. Alle werden stetig weiterentwickelt und nach wie vor vom Support gepflegt. Alle unterstützen zudem die deut-

sche Sprache. Die Shopsysteme sind nach Eignung für unterschiedliche Shop-Größen ge-
ordnet: Sie beginnen mit günstigen Systemen für kleinere Shops und enden mit kostspieligen Systemen für große Shops mit Untershops und Waren-/Kundenverwaltungssystemen.

2.3.1 WooCommerce

WooCommerce ist das Shop-Plugin der beliebten Software Wordpress – was bedeutet,
dass es auch nur im Zusammenhang mit Wordpress genutzt werden kann. Aus diesem
Grund eignet es sich nicht für jeden Anbieter, aber wiederum besonders für jene, die
z. B. bereits einen Blog mit Wordpress betreiben und sich nicht auf ein neues System um-
stellen wollen: Der Shop kann einfach in die bestehende Seite integriert werden.

WooCommerce ist besonders gut einsetzbar bei Startups, die ohne großen Aufwand
einen Onlineshop ins Leben rufen wollen. Die Installation ist einfach, kostenfreie Unterstützung ist von einer großen Community zu haben und die Kosten für die Domain, den
Server und ein attraktives Theme betragen kaum 100 Euro. Es gibt eine Vielzahl von Modulen, Themes und Add-ons. Auch SEO-technisch werden schnell sehr gute Ergebnisse
geliefert. Einige Erweiterungen sind allerdings kostenpflichtig.

Auf der Minusseite müssen viele Add-ons aufwendig angepasst werden. Aufgrund der
Wordpress-Umgebung ist ein regelmäßiges Update notwendig, ebenso das Pflicht-Plugin
German Market oder Germanized, das den Shop an die deutsche Rechtslage anpasst. Die
Administration der Artikel ist gewöhnungsbedürftig. Die Anbindung an eine Warenwirtschaft ist schwierig, ferner ist die Performance bei einem Shop mit vielen Produkten bzw.
reichlich Traffic auf der Seite gering. Insofern eignet sich WooCommerce sehr gut für
Wordpress-Nutzer und Einsteiger, die sich mit ihrem Onlineshop ein wenig ausprobieren
wollen. Als dauerhafte E-Commerce-Lösung ist WooCommerce mangels Schnittstellen
und Performance aber nur bedingt zu empfehlen.

Fazit

Das Wordpress-Plugin ist kostenlos erhältlich und stellt somit für Anfänger und kleine
Unternehmen mit wenigen bis mittelgroßen Produktangeboten eine gute Alternative
dar. Es gibt unzählige kostenlose und kostenpflichtige Module und Add-ons, die den
Shop wie auch die Geschäftsprozesse funktionsmäßig erweitern. Für ernstzunehmendes
E-Commerce ist WooCommerce aber nicht geeignet. Es ist sehr wartungsaufwändig
und gerade bei höheren Besuchszahlen nicht mehr performant.

2.3.2 Shopify

Shopify ist eine Software, die kleinen und mittelständischen Unternehmen einen leichten
Eintritt in den Online-Handel ermöglichen kann. Shopify wirbt damit, besonders be-

nutzerfreundlich und übersichtlich zu sein. Auch User ohne Vorwissen können dank der intuitiven Bedienung einen Shop eröffnen und betreiben.

Dabei ist besonders hervorzuheben, dass Shopify eine vollständige Cloudlösung ist. Das bedeutet, der Onlineshop Betreiber braucht anders als z. B. bei WooCommerce oder Shopware keinen eigenen Server, sondern Shopify stellt den Server direkt mit zur Verfügung. Somit eignet sich Shopify ideal für Händler, welche keinen Programmierer oder IT-Fachmann hinzuziehen wollen, sondern den Bau und die Verwaltung des Shops selbst in die Hand nehmen.

Mit zahlreichen vorinstallierten Designs, die frei konfigurierbar sind, einem responsiven Design für die unkomplizierte Bedienbarkeit über mobile Geräte und der Möglichkeit, einen eigenen Shopify-Blog anzulegen, um den Traffic der Website zu erhöhen, hat Shopify tolle Basis-Features, die einen kleinen Onlineshop hinreichend gestalten können.

Zudem hat der Händler einen vollen Zugriff auf alle HTML (Liquid) und CSS-Dateien im eigenen Onlineshop, sodass er mit ein wenig Finesse alle Funktionen seines Shops selbst anpassen kann. Sollte der Händler Änderungswünsche haben, welche er nicht selbst umsetzen kann, so ist jederzeit eine kostenpflichtige Zusammenarbeit mit den Experten von Shopify selbst möglich. Nach oben sind aber auch keine Grenzen gesetzt. Mit Entwicklerressourcen kann das System auch beliebig ausgebaut werden. Es gibt aber auch zahlreiche externe Freelancer die jederzeit unterstützen können.

Shopify bietet auch vorinstalliert Möglichkeiten, Steuern und Versandkosten automatisch zu berechnen und anzuzeigen und abgebrochene Warenkörbe wiederherzustellen. Rund um Shopify hat sich eine gewaltige Anzahl an Zusatzfunktionen gebildet, sodass kaum ein Wunsch unerfüllt bleibt.

Im Bereich der Shop Verwaltung sind alle Grundfunktionen enthalten, die ein kleiner Onlineshop braucht, wie Kundenkonten und -gruppen, Rückerstattungsmöglichkeiten oder auch automatische E-Mails, welche der Shop bei Zahlungseingängen oder Bestellungen sendet. Shopify arbeitet unter anderem mit einem eigenen Payment Abwickler. So können gegen einen Aufpreis von ca. 2 % Performance Fee Zahlungsarten wie Kreditkarte oder PayPal unkompliziert im Shop angeboten werden.

Die laufenden Kosten für Händler betragen je nach Paket 27 Euro, 79 Euro oder 289 Euro monatlich. Hinzu kommen Umsatzbeteiligungen, abhängig vom der gewählten Zahlungsart, in Höhe von ca. 1,2 %–3,2 % (je nach Paket und Zahlungsart). Dies führt dazu, dass mit steigenden Umsätzen Shopify zunehmend uninteressanter werden kann. Es gibt auch eine POS Lösung, die sich direkt in die Shopify Landschaft integrieren lässt.

Fazit

Shopify ist gut geeignet, um kleineren und mittelgroßen Unternehmen den Schritt zum Onlinehandel zu ermöglichen. Es hat alle Grundfunktionen abgedeckt, um ein attraktives Frontend anzubieten und zeichnet sich durch hohe Benutzerfreundlichkeit im Backend aus. Zudem entfällt durch die Cloudlösung der Server- und Wartungsaufwand.

Ist es absehbar, dass sich der Onlineshop in nächster Zeit vergrößert und die Umsätze steigen, so sollte in Erwägung gezogen werden, ein Shopsystem zu wählen, das keine Performance Fee verlangt. Deutsche Händler sollten auch das Thema Datenschutz bei dieser Lösung nicht vernachlässigen und sich ausgiebig dazu informieren.

2.3.3 JTL

JTL kombiniert ein modernes Onlineshop Lösung mit einer systemeigenen Warenwirtschaft. Grundsätzlich hat eine Warenwirtschaft den Sinn, den Warenbestand und die Bestellungen in einer Datenbank und einer gemeinsamen Übersichtstabelle zu sammeln. Onlineshop Betreiber, die eine Warenwirtschaft, kurz „Wawi", nutzen, arbeiten gewöhnlich im Alltag nur in dieser. Sie pflegen die Produkte und die Bestellungen dort und stellen ihre Produkte aus der Warenwirtschaft bei zusätzlichen Marktplätzen ein. Das Frontend des Onlineshops dient dann nur noch als Warenauslage.

Insofern lohnt sich ein näherer Blick auf JTL, wenn unterschiedliche Märkte bedient werden sollen oder aus einer Wawi mehrere Onlineshops gesteuert werden sollen. Aus deutscher Sicht ist es sicher ein Pluspunkt, dass JTL ein deutsches Produkt ist. So werden moderne DSGVO-Standards vollumfänglich abgebildet.

Hinsichtlich der Preisgestaltung steckt bei JTL der Teufel im Detail. Theoretisch sind alle Grundmodule bei JTL kostenfrei. In der Praxis sind monatliche Kosten inkl. Server von deutlich über 100 Euro aber die Regel. Nicht ohne Grund bewirbt JTL auf seiner Website monatliche Kosten von 35 Euro, 450 Euro oder 890 Euro, was die erhebliche Spanne belegt.

Abhängig ist der Preis für JTL u. a. von der Anzahl an Produkten und der Anzahl an Transaktionen pro Monat. Ferner sind auch physische Kassensysteme integrierbar, sodass mit JTL einer Kombination von Ladengeschäft und Onlineshop nichts mehr im Wege steht. Inwiefern Updates kostenpflichtig sind, hängt vom gewählten Tarif ab.

Fazit

JTL sticht als Anbieter aus Deutschland vor allem durch die Kombination mit einer hauseigenen Warenwirtschaft hervor. Das löst automatisch den Aufwand, den Onlineshop an eine Wawi anzubinden. Ferner ist JTL sehr modular aufgebaut und ermöglicht sowohl für den Einsteiger als auch für den alten Hasen ein komfortables Arbeiten zu einem adäquaten Preis.

Hinsichtlich des Frontends ist JTL hingegen Geschmackssache. Wer an raffinierter UX oder gar Eigenentwicklungen interessiert ist, wird bei anderen Shopsystemen eher fündig. Ein Pluspunkt ist die unkomplizierte Anbindung an das hauseigene Kassensystem, sodass auch ein Onlineshop und ein physisches Ladenlokal über die Warenwirtschaft miteinander verknüpft werden können.

2.3.4   Prestashop

Das Prestashop System stammt aus Frankreich und hat seinen Sitz mittlerweile in Paris. Auch wenn das Shopsystem damit europäischen Datenstandards genügt, sollte ein Online-shop Betreiber sich mit der französischen Sprache wohl fühlen, denn Prestashop bietet keinen offiziellen Support und die Presta-Foren der überschaubaren Community, sind weitgehend französischsprachig.

Eine Cloud-Version von Prestashop befindet sich gegenwärtig noch in der Testphase. Die Kosten dafür betragen etwa 15 Euro monatlich. Self-hosted bietet Prestashop ein Freemium-Modell. Das bedeutet, die Grundfunktionen der Shopsoftware sind vollständig kostenfrei. Auch eine Performance Fee wird nicht erhoben.

Wer aber einen benutzerfreundlichen Check-out, ein ansprechendes Template, Schnitt-stellen und Anbindungen an Drittmärkte benötigt, wird dafür eines der zahlreichen kostenpflichtigen Extensions hinzubuchen müssen. Das betrifft auch in die Integration des Shops in Facebook, Twitter und Co. Die Kosten dafür sind breit gefächert, betragen je nach gewünschter Funktion schnell mehrere 100 Euro. Insofern ist hier eine umfangreiche Voranalyse der gewünschten Funktionalität sinnvoll, um nicht im laufenden Shopbetrieb von plötzlichen Mehrkosten unangenehm überrascht zu werden.

Die Software ist trotz großen Funktionsumfangs durchaus nutzerfreundlich und zeich-net sich durch ein Einfaches, gut strukturiertes Backend und sehr gute Auswertungs-möglichkeiten aus. Grundkenntnisse in HTML und CSS helfen, die Darstellung des Fron-tend zu optimieren. Mehrsprachigkeit ist kein Problem und auch moderne Marketingtools sind in Prestashop bereits integriert.

Fazit

Das Freemium-Modell Prestashop bietet Einsteigern mit Kenntnissen in HTML und CSS ein einfach zu bedienendes, anfängerfreundliches Shop-System, das aber auch höheren Ansprüchen genügt. Um nicht nach dem Livegang von ärgerlichen Folgekosten durch kostenpflichtige Module überrascht zu werden, ist eine genaue Bedarfsanalyse im Vorfeld sinnvoll. Dabei sind Französischkenntnisse absolut sinnvoll, zumal es für die Open-Source-Software keinen offiziellen Support gibt. Wer hinreichend Zeit für die Planung des Shopdesings und der Funktionalitäten investiert, für den kann Prestashop durchaus eine attraktive Alternative sein.

2.3.5   Oxid

Die Open-Source Software Oxid stammt aus Freiburg und ist entsprechend an die deut-schen Rechtsstandards angepasst. Gleichzeitig ist das System auch für internationale Shops einsetzbar, hat sich aber hier kaum durchgesetzt: Der Marktanteil des Shopsystems Oxid international liegt bei lediglich 1 %.

Oxid bietet Einsteigern in einer B2B- und B2C-Cloud-Variante ein unkompliziertes Onboarding ins System. Ab der Community Edition muss der Onlineshop Betreiber sich selbst um das Hosting kümmern. Diese ist zwar kostenfrei, funktional jedoch arg limitiert. Bedenkt man, dass die Kosten der nächsthöheren Professionell Edition je nach Ausführung bei knapp 3000 Euro liegen, wird klar, dass Oxid sich auch an professionelle Großkunden als Onlineshop Betreiber wendet. Umgekehrt ist bei Oxid keinerlei Umsatzbeteiligung vorgesehen.

Schnittstellen z. B. zu einem ERP sind bei Oxid nur in den kostenpflichtigen Versionen vorhanden. Für die Enterprise Edition fallen dann je nach individuellem Paket Kosten im unteren bis mittleren 5-stelligen Bereich an. Hier ist auch ein modernes Rollenmanagement für die Onlineshop Betreiber und ein Sub Shop-System möglich.

Das quelloffene System kann von Profi – auch mit Plugins von der oxid-eigenen Plugin-Plattform – weiterentwickelt werden. Zudem bietet Usern über die üblichen Funktionalitäten eines modernen Shopsystems integrierte Tools für Marketing und SEO-Optimierung.

Fazit

Oxid bietet Händlern mit mittelgroßer bis großer Produktpalette eine Performancestarke und flexible Lösung. Viele Individualisierungsmöglichkeiten der Open-Source Lösung bieten dem Onlineshop Betreiber die Möglichkeit, den Shop im Design und bei den Funktionen auf eigene Ansprüche anzupassen. Dafür sind die Einmalkosten der Open-Source-Lösung durchaus ansehnlich. International ist Oxid kaum präsent – vielleicht ist das der Grund, warum Oxid zunehmend überholt wirkt.

2.3.6   Plentymarkets

Der deutsche Shopanbieter Plentymarkets hat sich als Multichannelingtool mit integrierter Warenwirtschaft und Bestellverwaltung einen Namen gemacht. Das System existiert lediglich Cloud-basiert und wird daher automatisch geupdated. Eigenentwicklungen für das Frontend oder für Schnittstellen sind grundsätzlich nur mit außerordentlich großem Aufwand möglich.

Plentymarkets kombiniert von Hause aus Shop, Wawi, Schnittstellen und die Anbindung an unterschiedliche Märkte. Somit entfallen jeweils die aufwendige Einrichtung der separaten Einheiten sowie die zeitintensiven Anbindungen. Plentymarkets bietet sich daher besonders für Betreiber an, die möglichst viele große Vertriebskanäle wie eBay, Amazon, Zalando etc., erreichen wollen.

Die modulare Tarifstruktur von Plentymarkets ist in der Theorie recht übersichtlich und beginnt bei 39 Euro monatlich. Da jedoch die Bestellungen im Shop und anderen Verkaufskanälen mit bis zu 15 Cent pro Stück berechnet werden, macht die Performance Fee schnell einen gewaltigen Posten aus. Auch die Integration von Zahlungsanbietern ist mitunter kostenpflichtig. Im Gegenzug entfallen die Kosten für das Hosting. In jedem Fall ist bei der Auswahl von Plentymarkets eine genaue Kalkulation der vermeintlichen Umsätze im Vorfeld notwendig, um nicht von einer üppigen Umsatzpauschale erdrückt zu werden.

Im Frontend bietet Plentymarkets den Shopbesuchern zahlreiche kostenfreie und kostenpflichtige Themes an. Programmierkenntnisse sind bei der Einrichtung des Online-shops nicht notwendig, der Shop Builder ist mit einem entsprechenden Baukastensystem via drag & drop unkompliziert zu meistern.

Durchaus anspruchsvoll kann die Einrichtung des Backends sein. Das liegt vor allem an den außergewöhnlich großen Möglichkeiten: Hier können Onlineshop Betreiber ihre Bestellungen verwalten, die Warenwirtschaft organisieren, die Kundendaten administrieren und ihre Produkte an über 40 angebundene Verkaufs- und Preisvergleichsportale senden. Auch eine Schnittstelle für den Datev-Export ist bereits vorhanden. Handbücher und Tutorials helfen bei der Einrichtung der mächtigen E-Commerce Zentrale. An der ein oder anderen Stelle kann dafür auch der kostenpflichtige Support einer der zahlreichen Plenty-Agenturen hilfreich sein.

Der kostenlose Jedermann-Support von Plentymarkets steht im Basistarif nur für kleinere Fragen zu Verfügung. Anders sieht es im individuellen „Plus-" Tarif für große Onlineshop Betreiber aus: Hier erhält der Onlineshop Betreiber E-Commerce-Beratung und einen hochprofessionellen Full-Support.

Fazit

Plentymarkets ist wie gemacht für Händler, die ihre Produkte ohne großen Einrichtungs-aufwand auf vielen Märkten und Vergleichsportalen anbieten wollen. Das Cloud System bietet dann einen bequemen Allround-Service für die Abwicklung sämtlicher Prozesse. Gerade Anfänger sollten sich für die Einrichtung des leistungsstarken Backend jedoch Zeit nehmen. Zudem ist die Kostenkontrolle angesichts einer Umsatzpauschale pro Ordner nicht risikofrei. Im Gegenzug erhält der Onlineshop Betreiber eine überaus leistungs-starke vorkonfigurierte E-Commerce Zentrale.

2.3.7   Shopware

Auch Shopware stammt aus Deutschland und ist entsprechend DSGVO-konform. Neben einer einfachen Cloud Variante, die allenfalls für absolute Einsteiger oder zum Onboar ding in die Shopware-Oberfläche nützlich ist, gibt es auch die Möglichkeit, Shopware als self-hosted Lösung in der kostenfreien Community Edition sowie der Professional Edition (2495 Euro) zu bestellen. Letztere bietet den vollen Funktionsumfang von Shopware mit einer unbegrenzten Anzahl an Verkaufskanälen.

Das bedeutet, dass sämtliche Anbindungen (z. B. Amazon, eBay, Datev ebenso wie eine Warenwirtschaft) damit abgedeckt sind und nur noch vom Onlineshop Betreiber eingerichtet werden müssen. Auch Zahlungs- und Versanddienstleister können unbegrenzt angelegt werden. Eine Performance Fee gibt es bei Shopware in den self-hosted Varianten grundsätzlich nicht.

Zudem besticht Shopware als Open-Source-Lösung mit einer großen Plugin- und Agenturcommunity über die Möglichkeit vollständiger Individualisierung. Das betrifft das Frontend, wo der Onlineshop Betreiber aus einer großen Anzahl kostenpflichtiger Templates auswählen und diese per Klick mit eigenen Texten und Medien individuell ausgestalten kann. Ebenso liefert auch das Backend hinsichtlich Kundengruppen, Preisberechnung, Ländereinstellungen und Versandkosteneinstellungen alle Möglichkeiten individueller Einstellungen mit.

Auf der anderen Seite ist der Wartungsaufwand für notwendige Updates und Entwicklungen bei Shopware nicht gering. Im Frontend ist das Design der Erlebniswelten mit attraktiven Inhalten zeitaufwendig. Wenn grundlegende Änderungen der Oberfläche vorgenommen werden sollen, geschieht dies über eine Anpassung des Template, was Programmierkenntnisse erfordert. Das Backend ist für Einsteiger gewöhnungsbedürftig und die Funktionen nicht immer selbsterklärend. Die Konfiguration von Schnittstellen ist bisweilen anspruchsvoll und selbst bei der Anpassung von Plugins ist externe Beratung hilfreich.

Fazit

Shopware hat sich zu einem ernstzunehmenden Player im Bereich der Onlineshops gemausert. Hierzu trägt die unbegrenzte Anzahl an Schnittstellen ebenso bei wie die individuelle Konfiguration von Frontend und Backend – jeweils ohne Aufpreis oder Umsatzbeteiligung. Zusätzliche Module lassen sich über den Shopware-Store einfach und schnell integrieren und ermöglichen so einen größeren Funktionsumfang. Angesichts der Vielzahl an Möglichkeiten sollten sich besonders Einsteiger aber auf einen großen Aufwand in der Einrichtung und Wartung einstellen.

2.3.8 Magento

Magento stammt aus den USA und ist einer der globalen Platzhirsche des E-Commerce. Mit dem aktuellen System Magento 2 adressiert das überaus professionelle Shopsystem mittlere bis größere Händler. Hintergrund ist, dass die kostenfreie Community Edition nur ein überschaubares Spektrum an Funktionen beinhaltet, während die Enterprise Edition als Vollversion für einen Tarif von jährlich etwa 15.000 Euro erworben werden kann (auch als Cloud-Version erhältlich). Support ist bei der Enterprise Edition eingeschlossen. Eine Performance Fee gibt es bei Magento nicht.

Für diesen stolzen jährlichen Obolus bietet Magento eine Vielzahl von Modulen, Features und Templates für fast jede nur denkbare Anforderung an. Es gibt zahlreiche gelungene Themes und Templates von Drittanbietern. Das Magento-Frontend ist grundsätzlich ansprechend und Mehrsprachigkeit ist kein Problem.

Im Backend können unterschiedliche Kundengruppen ebenso angelegt werden wie unterschiedliche Verkaufskanäle. Auch Schnittstellen zu Marktplätzen und zur Warenwirtschaft sind möglich. Damit Magento rechtssicher im deutschen Markt verwendet werden kann, muss der Onlineshop Betreiber zusätzliche Modulen integrieren.

Die Vielzahl an Möglichkeiten birgt jedoch auch Nachteile: Ein Anfängersystem ist Magento definitiv nicht. Der Aufwand bis zum fertigen Shop ist groß: Die Einarbeitung ist schwierig und zeitaufwendig und verlangt ein gewisses technisches Knowhow. Selbst die Migration von Magento 1 auf Magento 2 verläuft keineswegs reibungslos. Ohne technische Kenntnisse steht man als Nutzer recht verloren vor dem Programm und ist gezwungen, auf einen kostenpflichtigen qualifizierten Dienstleister zurückzugreifen, der die technische Seite übernimmt.

Insofern ist es spannend zu beobachten, wie sich das noch recht junge Magento 2 angesichts stärker werdender Konkurrenz am Markt behaupten kann, zumal auch E-Commerce-Profis den spitzen Bleistift zücken und die Funktionalitäten und Preise unterschiedlicher Systeme vergleichen.

Fazit

Magento ist eine der leistungsfähigsten Shop-Softwares auf dem Markt und ohne Zweifel für Profis mit den entsprechenden finanziellen Möglichkeiten ein ausgezeichnetes System. Für kleinere Händler oder Einsteiger ist das System eine Nummer zu groß. Der hohe Aufwand und die hohen Kosten sowie die Komplexität von Magento machen das System für Menschen, die als Onlinehändler gerade erst anfangen, schlicht ungeeignet. Diese sind mit einem kompakteren, simpleren System auf alle Fälle besser bedient.

2.3.9   Salesforce Commerce Cloud und SAP Commerce Cloud

Salesforce und SAP bieten individualisierte Cloud-Systeme für Großkunden mit vielen Mitarbeitern in unterschiedlichen Abteilungen an. Die Preise für beide Shop Landschaften werden einzeln ausgehandelt und liegen schnell im mittleren 6-stelligen Bereich. Tatsächlich gibt es für Salesforce Commerce Cloud und SAP Commerce Cloud aber keine standardisierten Pakete. Die Tarife sind abhängig von den gewünschten Funktionen, der Anzahl der User auf Händlerseite sowie vom Artikel- und Ordervolumen.

Beide Systeme sind Cloud basiert und zeichnen sich u. a. durch die Skalierbarkeit der Ressource aus. Konkret bedeutet dies, dass Spitzenlasten im Shop abgefangen werden. Neben exzellenten Frontend-Erfahrungen und einer vollständig individualisierten Verwaltungsoberfläche stehen dem Großkunden und seinen Mitarbeitern – je nach Konfiguration – eine Vielzahl von Anbindungen, eine Warenwirtschaft, eine Kundenverwaltung, zahlreiche Marketingmaßnahmen und entsprechende Auswertungstools zu Verfügung. Dies umfasst über die üblichen Shop-Funktionalitäten hinaus z. B. Tools zur Berichterstattung, zum E-Mail-Marketing und zum Kostenmanagement.

Geht es in den zuvor genannten Onlineshops also im Kern um den Verkauf von Waren von der Bestellung bis zur Lieferung und Bezahlung, so bieten Salesforce und SAP systemische Kommunikations-, Management- und Überwachungstools, um so die Gesamtergebnisse der unterschiedlichen Verkaufskanäle zu analysieren, zu überwachen und zu optimieren. Dies eignet sich entsprechend für Handelshäuser mit heterogener Onlinehandelstätigkeit (z. B. einerseits B2C, andererseits Großkunden) und entsprechend hohen Umsätzen.

Für beide Systeme gibt es jeweils eigene Schulungen. Dennoch kommt die Einführung von Salesforce Commerce Cloud bzw. SAP Commerce Cloud einer vollständig neuen Kultur gleich. So verwundert es nicht, dass zahlreiche Nutzer sich mit den immensen Möglichkeiten dieser E-Commerce-Großlandschaften überfordert fühlen.

Fazit

Salesforce Commerce Cloud und SAP Commerce Cloud sind jeweils für große Unternehmen oder Konzerne geeignet. Die wahrscheinlich schon in anderen Bereichen mit Salesforce oder SAP arbeiten. Es handelt sich um ganzheitliche E-Commerce-Management-Tools, deren Funktionalitäten – und auch Preise – reine Onlineshop-Systeme bei weitem übersteigen.

2.3.10 Marktanteile Shopsysteme in Deutschland

Unter den Top 1000 Onlineshops in Deutschland ergibt sich laut einer EHI Studie aus dem Jahr 2021 eine recht interessante Aufteilung[1] (Tab. 2.1).

Tab. 2.1 Marktanteile Shopsysteme Deutschland

Platz	Software	Marktanteil
1	Magento	12,2 %
2	Shopware	11,5 %
3	Salesforce Cloud	7,1 %
4	OXID	6,5 %
5	SAP Commerce/Hybris	4,3 %
6	osCommerce	1,8 %
7	HCL Commerce (IBM)	1,7 %
8	Intershop	1,4 %
8	JTL-Shop3	1,4 %
9	Novomind iSHOP	1,2 %
9	Shopify	1,2 %
10	plentymarkets	1,0 %
	Sonstige/Nicht erkennbar	48,7 %

[1] https://www.ibusiness.de/members/aktuell/db/941720grollmann.html.

Die Statistik ist trotzdem mit etwas Vorsicht zu genießen. Viele Systeme sind technisch veraltet und dadurch historisch gewachsen. Zahlreiche Unternehmen sitzen auf Magento fest und haben große Migrationskosten und Aufwände falls sie das System wechseln wollen würden.

Dazu bleiben deutsche Unternehmen gerne bei alten soliden Systemen als in eine neue E-Commerce Lösung zu investieren. Die Statistik zu der Shop Verteilung ist in den USA oder Weltweit eine ganz andere. Dort führen die Statistiken eher WooCommerce (27 %) oder Shopify (26 %) an und Magento kommt im Vergleich nur auf einen Anteil von unter 5 %.[2]

2.4   Serverwahl

Ist die richtige Technologie gefunden, steht als nächster Schritt die Serverwahl auf dem Programm. Als Server bezeichnet man einen hochleistungsfähigen Computer mit schneller Internetanbindung. Auf dem Server werden die Daten für den Onlineshop zur Verfügung gestellt und abgerufen – jeder kleine Homecomputer wäre mit dem Traffic eines durchschnittlichen Shops überfordert. Besonders Anfänger und kleine Anbieter verfügen üblicherweise nicht über einen eigenen ausreichend leistungsfähigen Server und müssen ihren Shop daher bei professionellen Servern „einmieten".

Nehmen Sie sich ebenso wie für die Wahl der richtigen Software auch für die Serverwahl ausreichend Zeit. Nichts ist ärgerlicher, als schon kurz nach dem Launch festzustellen, dass der Server den Anforderungen und dem Traffic des Shops nicht gewachsen ist. Kalkulieren Sie vorab den eigenen Speicherplatzbedarf, denn dieser ist für die Auswahl des geeigneten Servers wichtig. Alle Inhalte wie Texte, Bilder, Videos, Erweiterungen etc. wie auch das Shopsystem selbst müssen auf dem Server Platz finden. Die gesamte Datenmenge von umfangreichen Bildergalerien, Videos und vielen Produkten kann sich schnell negativ auf die Performance auswirken – lange Ladezeiten und Abstürze sind die Folge, solche Probleme ziehen Kundenverluste nach sich. Auch die Anzahl der gleichzeitigen Zugriffe von Nutzern hat Auswirkungen auf die Datenmenge und demzufolge auch die Performance des Shops – daher ist es wichtig, vor der Serverwahl möglichst konkret zu schätzen, wie viel Traffic zu erwarten ist, und entsprechend Speicherplatz zu buchen.

▶   **Wichtig**   Finden Sie heraus, welche Möglichkeiten zum Upgrade bestehen, sollte Ihr Onlineshop mehr Traffic bekommen als ursprünglich erwartet, ist es schön ein einfaches Uprade machen zu können. In der Regel leidet die Geschwindigkeit der Website als erstes darunter und der Arbeitsspeicher sollte erhöht werden.

Als Faustregel gilt: Ein durchschnittlicher Onlineshop mit mittelgroßem Angebot und gutem Traffic benötigt zwischen 1 GB und 16 GB Arbeitsspeicher.

Ich habe in zahlreichen Projekten schon mit Hetzner (https://hetzner.de) und Netcup (https://netcup.de) gearbeitet und kann diese uneingeschränkt empfehlen.

---

[2] https://enlyft.com/tech/ecommerce.

Die verwendete Shop Software spielt bei der Wahl des richtigen Pakets eine große Rolle. Es gibt „ressourcenhungrige" und sparsame Softwares. Magento und Shopware fordern höhere Volumina als z. B. die schlanken Systeme WooCommerce oder Oxid, was sowohl Einfluss auf die Kosten als auch auf die Geschwindigkeit hat. Auch haben manche Softwares spezielle Anforderungen an das Hosting. Diese finden Sie über das jeweilige Shopsystem heraus.

Meist erfolgt die Miete von Serverplatz monatlich; die Kosten reichen von 9 Euro pro Monat bis zu mehreren hundert Euro, abhängig davon, wie viel Leistung man benötigt. Für einen normalen Server mit Shopware oder Magento muss man mindestens mit 30–40 Euro im Monat rechnen. Bei den anderen Systemen sollte man für einen durchschnittlichen Shop mit 10–20 Euro auskommen.

Bei Mietshops entfallen in der Regel die Hosting kosten, dafür ist das Hosting in dem monatlichen Mietpreis mit einbegriffen.

2.5   Die SSL-Verschlüsselung

Kunden, die in Ihrem Onlineshop kaufen, verlassen sich darauf, dass ihre sensiblen Daten geschützt sind – besonders, wenn es ums Bezahlen geht. Daher ist eine Verschlüsselung unverzichtbar für einen professionellen Webshop. Diese sollte als Vollverschlüsselung angelegt sein – das früher gelegentlich genutzte Prinzip, nur den Check-out zu verschlüsseln, gilt schon lange nicht mehr als ausreichend. Fast alle Browser zeigen dem Besucher auch an, dass dieser unverschlüsselt ist. Deshalb ist es heute absolute Pflicht geworden, SSL zu integrieren. Die Zahlungssysteme sind meistens noch einmal zusätzlich verschlüsselt.

▶ **SSL** SSL steht für „Secure Sockets Layer" und ist ein Verschlüsselungsprotokoll – ein Code, der die online ausgetauschten Daten absichert. Dazu gehören Kreditkarten- und Personendaten sowie Passwörter. Ein SSL-Zertifikat erhöht nicht nur den Schutz und die Sicherheit sensibler Daten, sondern steigert auch das Vertrauen der Besucher, die den Shop aktiv nutzen.

Mittlerweile gibt es unzählige Anbieter für SSL-Zertifikate. Auch hier reichen die jährlichen Preise von wenigen bis mehrere hundert Euro. Jedes SSL-Zertifikat wird für eine bestimmte Zeit ausgestellt, meist ein bis drei Jahre, danach muss die Gültigkeit erneuert werden.

Bei der Wahl des passenden SSL-Zertifikats für den Shop sollte auf hohe Sicherheit Wert gelegt wer-den. Dazu zählen eine gute Verschlüsselungsrate von mindestens 256 Bit und eine hohe Browserakzeptanz. Für ein sicheres und vertrauenswürdiges Zertifikat achten Sie zudem auf eine identitätsvalidierte Ausstellung: Das bedeutet, dass für die Vergabe eine umfangreiche Prüfung stattfindet. Meist muss der Handelsregisterauszug vorgezeigt werden. Im SSL-Zertifikat selber ist es dann möglich, Informationen wie Unternehmensname oder Standort zu erhalten. Bei einem EV-SSL-Zertifikat (Extended-Validation) erhält der Shop die grüne Adresszeile, in der obendrein der Zertifikats- und Domaininhaber abwechselnd mit der Zertifizierungsstelle eingeblendet wird. Dies ist ein Zeichen für den Nutzer, dass es sich um eine „echte" und verlässliche Website handelt – ein Schutz gegen Phishing, den Versuch, über gefälschte Websites an Kundendaten zu gelangen. Das bessere Zertifikat kostet aber auch schnell etwas mehr, und es wird eine aufwendigere Prüfung des Antragstellers vorgenommen als für ein einfaches Zertifikat.

Es gibt zwei Möglichkeiten, ein SSL-Zertifikat von Anbietern zu kaufen: Über den eigenen Server- oder Webhosting-Provider oder einen Drittanbieter. Generell empfiehlt sich die Wahl des Server- bzw. Webhosting-Providers, da dort in den meisten Fällen bereits SSL-Zertifikate angeboten werden und diese bequem dazu gebucht werden können.

Viele Hoster bieten auch mittlerweile eine kostenlose SSL Zertifikat Lösung an. Ein sehr bekanntes System ist das SSL Zertifikat von „Let's Encrypt". Dies ist eine Open-Source Lösung und ermöglicht so ein kostenloses Zertifikat zu erstellen. Für die meisten Projekte reicht dies vollkommen aus und ist zu empfehlen.

Der gelungene Auftritt: Logo – Design und Corporate Identity

3

Zusammenfassung

In diesem Kapitel geht es um den optischen Auftritt Ihres E-Commerce-Shops. Gestaltung und Layout sowie ein aussagekräftiges und ansprechendes Logo tragen massiv zur Markenbildung und Wiedererkennbarkeit bei; ein auf die Zielgruppe abgestimmtes Design sorgt für effektive Kundenansprache.

3.1 Der optische Auftritt: perfekt auf die Zielgruppe abgestimmt

Ihr Shop hat eine Software und Server sind gewählt. Das Fundament ist gelegt – nun muss das System entsprechend gestaltet werden.

Stil, Optik und Architektur Ihres Shops können Sie gar nicht zu viel Aufmerksamkeit schenken. Die Konkurrenz im Netz ist riesig, und Gesehen werden ist schlicht alles – nur wenn Sie Ihrer Zielgruppe einen optimalen und ansprechenden Auftritt bieten, der ihre Bedürfnisse befriedigt, haben Sie überhaupt eine Chance, im Wust der Angebote wahrgenommen und dann auch von den Kunden für einen Kauf gewählt zu werden. Der erste Eindruck zählt – ihn zu vermasseln können Sie sich nicht leisten.

Führen Sie sich bei der Planung genau vor Augen, wer Ihre Zielgruppe ist. Was erwartet diese? Wie ist ihr Geschmack? Welche Farben, welche Bilder, welche Optik gefällt den Menschen, die Sie erreichen wollen? Welches Gefühl wollen Sie vermitteln? Menschen, die an einer gesunden und nachhaltigen Lebensweise und Ernährung interessiert sind, erreicht man anders als Bodybuilder, die nach DEM neuen Proteinprodukt suchen, das ihnen weitere Muskelzuwächse verspricht. Ein Shop für Babybedarf muss anders aussehen als einer für Heavy-Metal-Fans. Soll der Shop frisch und jung wirken? Oder gesetzt und seriös? Spritzig und unkonventionell? Exklusiv und teuer? Stellen Sie sich immer wieder die Frage: Was will meine Zielgruppe? Wie sieht sie sich selbst? Wie sieht sie die Welt?

Sehen Sie sich konkurrierende Onlineshops und Seiten für die Zielgruppe an, die Sie selbst im Blick haben. Mit welcher Art von Design arbeiten diese? Welche Farb- und Bildwelten werden benutzt? Welche Grundstimmung vermitteln sie? Ist dies der Zielgruppe angemessen? Ist es erfolgreich? Was kann man noch besser machen? Wenn Sie optisch von der Konkurrenz abfallen, wird auch das beste Angebot sich schwertun, sich am Markt durchzusetzen.

3.2   Das Logo

Ein guter Startpunkt ist ein einprägsames und unverkennbares Logo, dessen Optik und Farbgebung in der Folge auch das übrige Corporate Design mitbestimmen wird. Hier empfiehlt es sich, sofern Sie nicht selbst einschlägige Kenntnisse haben, einen professionellen Grafiker in Anspruch zu nehmen – ein billig „zusammengeschustertes" Logo ist eine schlechte Visitenkarte. Nicht umsonst durchlaufen Grafiker eine mehrjährige Ausbildung – es ist vermessen, zu glauben, man könne selbst „mal eben" ein schlagkräftiges Logo erstellen, indem man kostenfreie Cliparts aus dem Web mit einem Schriftzug kombiniert. Es wird immer nach dem aussehen, was es ist: nicht professionell. Dabei muss die Logoerstellung kein Vermögen kosten – Sie müssen keine internationale Werbeagentur beschäftigen. Einschlägige Websites bieten grafische Dienstleistungen günstig an, und auch junge Grafiker am Anfang ihrer Berufslaufbahn liefern häufig sehr gute Arbeit zu erschwinglichen Preisen.

Vor dem Briefing des Grafikers sollten Sie eine klare Vorstellung entwickeln, was Sie sich wünschen – nur dann bekommen Sie auch, was Sie wollen. Das Logo muss zu Ihnen passen – aber auch zu Ihrer Zielgruppe. Und natürlich auch zu Ihrem geplanten Webshop-Design. Was ist Ihre Kernbotschaft? Wie möchten Sie sich darstellen? Wie soll das Logo wirken? Jung und fröhlich? Massig und ehrfurchtheischend? Auch hier empfiehlt sich eine Konkurrenzrecherche. Wie sehen die Logos der Konkurrenten aus? Massiv, zurückhaltend, filigran? Welche Farben verwenden sie? Setzen sie auf Schrift oder Grafik? Welche Logos gefallen Ihnen und passen von der Wirkung her zu Ihrem Shop?

Geben Sie dem Grafiker genaue Anweisungen. Soll es ein Schriftlogo sein, also eine typografische Darstellung Ihres Shopnamens? Oder soll das Thema des Shops bildlich dargestellt sein, also z. B. ein Sportschuh für einen Sportartikel-Shop oder eine Babyflasche für einen Shop für Mütter? Oder eine Kombination von beidem? Abzuraten ist für neue Unternehmen von abstrakten Logos, bei denen das Logo keine Rückschlüsse auf das Unternehmen zulässt – die drei Adidas-Steifen zum Beispiel werden zwar zuverlässig von jedem Kunden erkannt, bedeuten aber für sich genommen nichts. Bei der Einführung eines neuen Shops ist solch ein abstraktes Logo jedoch kaum hilfreich. Kommunizieren Sie Ihren Kunden lieber klar, wofür Sie stehen und was Sie anbieten. Gibt es Symbole, die Ihr Angebot besonders deutlich machen? Überlegen Sie, ob diese in einem Logo einsetzbar sind. Am besten verzichten Sie auch auf Kürzel mit 2 oder 3 Buchstaben. Für jemanden selbst ist der eigene Firmenname schnell eingebrannt, aber ein Branding für neue Besucher ist sehr aufwändig. Besser fahren Sie mit einem einprägsamen Namen. Wenn Sie zum Beispiel einen Bioladen eröffnen möchten, und primär ehrliche und transparent hergestellte Produkte verkaufen – dann wäre vielleicht der Name Bihonest eine gute Idee. Be honest – sei ehrlich – aber auch das Wort Bio ist in dem Markennamen enthalten. Dazu ist er gut einprägsam und ein Logo lässt sich mit einem grünen Blatt auch schnell gestalten mit einer weichen Typografie. Dies ist meiner Meinung nach der richtige Weg für das eigene Logo.

Achten Sie darauf, dass Ihr Logo nicht zu kleinteilig ist. Es muss auch in starker Verkleinerung, z. B. auf einem Smartphone Screen oder einer Visitenkarte, gut erkennbar sein, gleichzeitig sollte es aber auch in großer Darstellung wirken. Auch eine bunte und eine schwarz-weiße Variante sind eine sinnvolle Investition. Aus diesem Grund empfiehlt es sich auch, nicht zu viele verschiedene Farben zu verwenden.

Entscheiden Sie sich im Zweifelsfall immer für die simplere und vor allem zeitlose Variante – Moden ändern sich schnell. Was heute in war, ist morgen eventuell schon völlig out. Wie ärgerlich wäre es, wenn Sie ein optisch völlig unmodern gewordenes Logo nach kurzer Zeit austauschen und so Ihrer CI-Bildung einen empfindlichen Schlag versetzen müssten.

Sollten Sie bereits ein Firmenlogo haben, entfallen natürlich all diese Schritte. Trotzdem lohnt sich ein kritischer Blick auf ein vorhandenes Logo. Wie alt ist es? Ist es vielleicht unmodern geworden? Sieht es auf dem Briefpapier zwar gut aus, wirkt im Netz aber irgendwie ein wenig spießig? Sie wünschen sich ein cleanes und frisches Layout, das Logo passt aber nicht recht dazu? Die Farbgebung ist einfach nicht ganz das Wahre? Das Logo passt sich nicht gut in das Shopdesign ein? Das heißt nicht, dass man von vorn beginnen muss – ein bereits etabliertes Logo ist ein Pfund, mit dem man wuchern kann. Oft kann ein versierter Grafiker eine wirksame abgewandelte und modernere Version des Logos entwickeln, das den neuen Anforderungen genügt und auch das Webshop-Design schon miteinbezieht.

3.3   Design und CD

Wiedererkennbarkeit ist Trumpf! Wer kennt das nicht: Wir hören eine Melodie, sehen ein Logo, und ohne dass die dazugehörige Firma überhaupt erwähnt würde, wissen wir, worum es geht, um welches Unternehmen es sich handelt. Das ist erfolgreiche Markenbildung – eine Firma schafft es, sich so unverkennbar und eindeutig darzustellen, dass sie sofort und ohne Zögern von den meisten Menschen erkannt und zugeordnet wird. Eine glasklare Wiedererkennbarkeit muss auch die Zielsetzung Ihres Onlineshops sein.

Die gängigen Onlineshops bieten eine mehr oder minder große Auswahl sogenannter Templates: Designvorlagen, die die Aufteilung und die Optik der Seite vorgeben und die Sie mit Ihren Inhalten befüllen können – z. B. können Sie ein eigenes Bild in den Header, die Kopfzeile der Seite, laden, Ihr Logo integrieren, die Farbgebung bestimmen, grafische Gestaltungselemente auswählen und vieles mehr.

Wie anpassbar diese Templates an individuelle Bedürfnisse sind, ist unterschiedlich. Manche Softwares bieten auch frei gestaltbare Layouts an. Schon bei der Wahl der Software sollten Sie Ihre Anforderungen an das Design mitberücksichtigen. Das gilt besonders, wenn Sie bereits ein Unternehmen und damit auch ein klares Corporate Design (CD) haben, das auch im Shop zum Einsatz kommen soll. Ist dieses in den Templates der Software nicht zufriedenstellend darstellbar, lohnt es sich, über eine Alternative nachzudenken.

Wie auch beim Logo ist die Zielgruppe Ihre Richtschnur – Farben, Elemente, Bilder, Schriften, alle Elemente Ihrer Seite müssen auf die Zielgruppe abgestimmt sein.

Prinzipiell vereinfacht ein bereits vorhandenes Corporate Design, an das Sie sich anlehnen können, die Sache. Gewisse Farben und Gestaltungselemente sind dadurch bereits vorgegeben, Ihre Firma verfügt vermutlich bereits über eine Website, die Design und Layout Ihres neuen Shops naturgemäß mitbestimmt. Trotzdem sind gegebenenfalls Anpassungen nötig. Passen Firmenname und Logo zum Shop und lassen sich integrieren, oder ist eine abgewandelte Variante für den E-Commerce-Auftritt notwendig? Soll der Webshop als eigenständiges Subunternehmen mit eigenem Logo und Design und eigenem Firmennamen auftreten oder klar an den Webauftritt der Firma angebunden sein? All diese Fragen wirken sich auf die Designebene aus.

Fangen Sie ganz neu an, sind quasi Neugründer? Das ist sowohl einfacher als auch schwerer. Einfacher, weil Sie nicht eingeschränkt sind – schwerer, weil sie bei null beginnen. Sind Sie nicht selbst grafisch versiert, empfiehlt es sich, an dieser Stelle professionelle Hilfe einzukaufen. Ein optisch ganz offensichtlich dilettantisch gestalteter Shop ist Gift. Ein wenig Unterstützung bei der Gestaltung muss auch nicht zwingend sehr teuer sein – holen Sie mehrere Angebote ein. Hier ein wenig Geld in die Hand zu nehmen, rentiert sich auf lange Sicht. Ein schneller Prototyp ist auch oft mit günstigen Anbietern wie 99designs (https://99designs.de) erstellt.

3.4   Unverzichtbar: Responsive Design

Inzwischen wird überwiegend auf mobilen Geräten online geshoppt – diese Variante des E-Commerce ist auch unter dem Begriff M-Commerce bekannt. Dieses Thema bringt einige Besonderheiten mit sich. Aus der Frühzeit der Smartphones und Tablets kennen Sie vermutlich das Problem: Eine Website, die auf dem Laptop einwandfrei aussah, schrumpfte auf dem Smartphone auf eine unleserlich kleine Schriftgröße zusammen, ließ sich nicht mehr bedienen, passte sich nicht an den hochformatigen Telefonbildschirm an. Responsive Design tut genau das: Es passt die Website an das Medium an, auf dem sie betrachtet wird. Bei der Wahl des Shopdesigns und Logos sollten Sie daher immer das Thema „Responsive Design" im Auge behalten. Ihre Kunden werden nicht alle vor dem PC sitzen, wenn sie Ihren Shop besuchen – es werden PCs, Laptops, Tablets und Smartphones verschiedenster Größen zum Einsatz kommen. Ist Ihr Shop nicht gut lesbar, werden Kunden sich frustriert abwenden.

Legen Sie daher bei der Wahl der Software und Ihrem Design Wert darauf, dass diese im Responsive Design arbeitet. Testen Sie Ihre Shop Seite auf verschiedenen Geräten. Wie verändert sich das Layout der Seite, wenn sie auf einem kleinen Gerät aufgerufen wird? Ist die Schrift lesbar? Wie wirkt das Logo auf dem Smartphone? Führt die Verkleinerung dazu, dass es schwer erkennbar wird? Ist der Firmenname weiterhin leserlich? Ist das Menü gut bedienbar? Testen Sie sämtliche Funktionen sorgfältig – jede Fehlfunktion rächt sich!

Beim Testen denken Sie auch an Geräte die Sie in der Regel nicht nutzen. Das kann ein Android oder Smartphone sein – aber auch ein Tablet. Im Chrome Browser können Sie über die Entwickler Konsole sich durch alle verschiedenen Geräte klicken und entsprechende Tests ausführen.

Usability als wichtiger Faktor für den Erfolg von Onlineshops

4

Zusammenfassung

Unter Usability versteht man die Nutzerfreundlichkeit eines Onlineshops – salopp gesagt, „läuft es rund?". Kann der Kunde schnell und einfach und möglichst intuitiv finden, was er sucht? Sind der Aufbau und die Struktur verständlich? Wird der Kunde sinnvoll geleitet, werden ihm passende zusätzliche Produkte vorgeschlagen, um den Verkaufserfolg zu maximieren? Ist der Bestellvorgang unkompliziert und leicht zu verstehen? Nur wenn der Kunde eine rundum zufriedenstellende Erfahrung macht, wird er zurückkommen. Dieses Kapitel greift alle Fragen rund um das wichtige Thema Usability auf.

4.1 One Click!

„One Click!", soll Amazon-Chef Jeff Bezos einst von seinem Entwickler-Team gefordert haben, damals, Ende der Neunziger, als E-Commerce noch in den Kinderschuhen steckte. Mit einem Klick sollte der Kunde in der Online-Buchhandlung Amazon bestellen können. Eine fast unmögliche Forderung am Ende des 20. Jahrhunderts, als Onlinehandel die Menschen noch nervös machte. Bank- oder Kreditkartendaten übers Internet weitergeben? Was da alles passieren könnte…

Der ursprüngliche Bestellvorgang forderte nicht weniger als 12 Klicks – 11 zu viel für Bezos. Kein Argument, dass die Zwischenschritte nötig seien, dass aus Sicherheitsgründen sozusagen doppelte Böden eingezogen werden müssten, überzeugte ihn – „one click!" Mit diesem Mantra konfrontierte er seine Mitarbeiter immer wieder, unbeirrbar sicher, dass Einfachheit der Schlüssel zum Erfolg sein würde. Seinem Entwicklerteam gelang es schließlich, die unmöglich scheinende Forderung umzusetzen – mit Mitteln, die uns heute offensichtlich scheinen, wie das Anlegen eines Kundenkontos mit Hinterlegung von

© Springer Fachmedien Wiesbaden GmbH, ein Teil von Springer Nature 2022
Y. Süß, *E-Commerce für kleine und mittelständische Unternehmen*,
https://doi.org/10.1007/978-3-658-38665-8_4

Adresse und Zahlungsdaten, die Möglichkeit der einfachen Stornierung und Rücksendung. Heute sind all diese Features selbstverständlich für Onlineshops. Und doch kann man viel falsch machen, wenn es um die Usability geht.

4.2   Usability als unverzichtbares Kundenbindungsinstrument

Usability ist ein wichtiger Faktor, wenn es um den Erfolg von E-Commerce-Webseiten geht. Kunden in physischen Geschäften bummeln entspannt, werden durch das Layout des Shops ganz natürlich linear geführt, wandern von einer Abteilung in die nächste, werden durch Schilder und Verkäufer geleitet und finden so ihre Produkte. Im Zweifelsfall steht Personal bereit, das um Rat gefragt werden kann, egal ob es darum geht, wo ein Produkt zu finden ist, oder es Unklarheiten in punkto Eigenschaften und Anwendungsmöglichkeiten eines Produkts gibt. All das ist im Internet nicht möglich. In einem Onlineshop muss direkt klar sein, wo welche Produkte zu finden sind, und auch alle Informationen rund um die Produkte müssen problemlos auffindbar sein.

Doch leider ist häufig das Gegenteil der Fall – und das Ergebnis ist, das Legen Studien nahe, häufig der Abbruch des Shopbesuchs oder Kaufes. Tatsächlich erzielen Onlineshops im Durchschnitt Conversion Rates von circa 3 % – das heißt, 97 von 100 Kunden sehen sich zwar im Shop um, verlassen die Seite aber unverrichteter Dinge wieder. Jeder normale Ladenbetreiber wäre in höchster Alarmstimmung, wenn von 100 Laufkunden 97 sein Geschäft unverrichteten Kaufes wieder verließen. Der Onlinehändler hat dies zwar nicht so unmittelbar vor Augen, dennoch handelt es sich um eine beunruhigende „Abbrecherquote". Umso mehr Mühe sollte sich jeder Onlineshop Betreiber mit der Usability geben.

Schlecht organisierte Onlineshops sind wie überfüllte Kaufhäuser mit unordentlichen Wühltischen, auf denen niemand irgendetwas findet und aus denen man sich schließlich genervt und überfordert verabschiedet. Schlechte Anordnungen einzelner Menüpunkte, eine unübersichtliche Struktur sowie der Gebrauch von missverständlichen Bezeichnungen erschweren für den Kunden den Zugriff auf die Informationen, die er sucht. Beschreibungstexte sind zu kurz, nicht ausreichend informativ oder langatmig und weitschweifig. Wichtige Fragen des Kunden bleiben unbeantwortet (z. B. ob ein elektronisches Gerät mit einem anderen Gerät oder einer bestimmten Software kompatibel ist, aus welchem Material ein Textil gefertigt wurde, oder welche Konfektionsgröße im Shop welchem Hüftumfang entspricht) – und den Support anzuschreiben oder anzurufen, um die Antworten zu erhalten, dazu hat aber kaum ein Kunde Lust. Lieber sucht er sich einen anderen Shop. Hinzu kommt die schlechte Bedienbarkeit mancher Onlineshops, welche ebenfalls zu Problemen und damit einer mangelnden Benutzerfreundlichkeit führt. Auch unstrukturierte Bezahlmöglichkeiten, intransparente Versandkosten und umständliche Bestellvorgänge gehören zu den häufigen Problemen, die Kunden in Onlineshops frustriert aufgeben lassen.

Kein Wunder also, dass die Usability mittlerweile ein wichtiger Erfolgsfaktor für E-Commerce-Webseiten geworden ist. Alle Faktoren, die das Onlineshopping-Erlebnis ausmachen, müssen perfekt zusammenspielen, um dieses Erlebnis zu einer positiven Erfahrung zu machen, die der Kunde im besten Fall wiederholen will oder weiterempfiehlt.

Im Allgemeinen spricht man von einer guten Usability, wenn der Kunde den Shop effizient, effektiv und zufriedenstellend nutzen kann, wobei sich Effektivität darauf bezieht, dass das gesetzte Ziel, wie zum Beispiel die Bestellung eines bestimmten Produkts, auch abgeschlossen wird. Unter Effizienz versteht man den Aufwand, denn der Kunde betreiben muss, um seine Bestellung abzuschließen – schafft der Shop es, wie Amazon, den Kunden mit „einem Klick" zur fertigen Bestellung zu bringen, oder sind mehrere zeitaufwendige und komplizierte Schritte notwendig? Die Zufriedenheit bezieht sich auf das emotionale Empfinden des Kunden – idealerweise fühlt er sich gut aufgehoben, empfindet den Onlineeinkauf und die Webseite als positiv.

Bei der Benutzerfreundlichkeit geht es jedoch um mehr als nur die Usability-Kriterien. Des Weiteren sollte eine Webseite den Besucher auch optisch ansprechen, ein positives Gefühl hervorrufen und ihn auf die Webseiteninhalte neugierig machen. Zu guter Letzt sollte der Seitenbesuch mit Spaß verbunden sein. Aus diesem Grund ist es wichtig, den Nutzer bzw. die Zielgruppe zu kennen und deren individuelle Anforderungen bei der Shop-Erstellung zu berücksichtigen, denn nur so ist es möglich, einen maßgeschneiderten Onlineshop zu erschaffen.

4.3   Intuitives Shoppingerlebnis = Umsatzsteigerung

Eine einfache Bedienbarkeit ist oberstes Gebot, wenn es um die Entwicklung von benutzerfreundlichen Anwendungen geht. Ein Kunde muss sich innerhalb eines Onlineshops von Anfang an intuitiv zurechtfinden können, und das, ohne dabei großartig nachdenken zu müssen oder besonders ausgeprägte Fertigkeiten im Umgang mit dem Internet zu haben. Gefällt es Ihnen, wenn Sie in einem Onlineshop die Struktur nicht verstehen, Produkte nicht finden können? Eben. Ihren Kunden wird das ebenso wenig gefallen. Wichtige Aspekte einer guten Usability sind unter anderem:

- intuitive Benutzerführung und Bedienung
- übersichtliche Startseite
- schnelle Ladezeiten
- logische Anordnung der Produkte in einfach nachvollziehbarem Kategoriensystem
- einfach zu bedienende Suchfunktion mit Verfeinerungsoption und übersichtlicher Ergebnisliste
- aussagekräftige Produktbeschreibungen und -abbildungen, inklusive aller Maße, Kompatibilitätsanforderungen etc.
- Merklistenfunktion
- Rückmeldung über ausgeführte Prozesse (z. B. „Artikel wurde in den Warenkorb gelegt", „Bestellung wurde ausgeführt" etc.)

- Warenkorb von jeder Seite aus erreichbar (auf manchen Shopseiten gleicht die Suche nach dem Weg zur Kasse einer Schnitzeljagd)
- Gefühl der Kontrolle – jeder Prozess muss jederzeit rückgängig gemacht werden können
- klare Kommunikation von (möglichst kurzen) Lieferzeiten
- transparente Versandkosten von Beginn des Bestellvorgangs an
- unkomplizierter und transparenter Bestellvorgang mit klaren Anweisungen auf übersichtlichen Seiten mit wenig Text
- deutlich sichtbare Fehlerhinweise mit Erklärung – z. B. nicht nur „Fehler bei der Eingabe", sondern es muss klar sein, was der Kunde falsch gemacht hat.
- einfacher Zugang zur Hilfefunktion, falls vorhanden
- große Auswahl an Zahlmethoden
- kein Zwang zur Anlage eines Kundenkontos

Im Bereich des E-Commerce können mangelnde Bedienbarkeit sowie eine schlechte Strukturierung der einzelnen Informationen schnell fatale Folgen in Form von Umsatzeinbußen bedeuten. Sollten die einzelnen Artikel im Onlineshop nicht schnell genug auffindbar sein, so suchen sich Kunden einen anderen Anbieter, bei dem sie sich wohler fühlen und dessen Shop übersichtlicher aufgebaut ist. Dasselbe gilt für fehlende oder unzureichende Produktinformationen und Produktabbildungen. Der Kunde wird schlussendlich in einem Onlineshop kaufen, der ihm alle wichtigen Informationen übersichtlich, leicht zugänglich und verständlich anbietet und so das Manko des Onlinekaufs, nämlich die Tatsache, dass man die Artikel nicht direkt sehen und anfassen kann, bestmöglich ausgleicht. Steht eine gewünschte Zahlungsart nicht zur Verfügung, ist das für viele Kunden ein Grund, einen Kauf abzubrechen. Auch zu hohe Versandkosten und umständliche Bestell- und Bezahlvorgänge schrecken Kunden ab.[1] Ebenso ist der Zwang zur Anlage eines Kundenkontos für viele Kunden ein No Go – Shops sollten daher zwar das Anlegen eines Accounts anbieten, aber gleichzeitig auch die Option offerieren, ohne Kundenkonto zu bestellen.

Die positive Wirkung guter Usability auf die Neukundengenerierung, die Zufriedenheit der Kunden sowie auf den Umsatz kann durch diverse Beispiele belegt werden. Sobald auf die Wünsche und auf die Bedürfnisse der Kunden eingegangen wird und diese sich gut zurechtfinden, fühlen sie sich wohler und kaufen eher in diesem Onlineshop als in einem anderen. Durch eine schlechte Bedienbarkeit werden Nutzer leichter misstrauisch, reagieren gereizt und genervt aufgrund umständlicher Prozesse und erfolgloser Suchen und brechen unter Umständen den Kauf ab. Zu den häufigsten Gründen zählen hohe Versandkosten (57 % in 2014), unpassende Zahlungsmethoden (53 % in 2014) und der Zwang, ein Kundenkonto anlegen zu müssen (39 % in 2014).[2] Diese Art von Kundenverlust ist ver-

---

[1] http://de.statista.com/statistik/daten/studie/12862/umfrage/gruende-fuer-kaufabbruch-beim-online-shopping-2009/ 22.06.2016.

[2] http://de.statista.com/statistik/daten/studie/378016/umfrage/umfrage-zu-den-haeufigsten-gruenden-fuer-warenkorbabbrueche-beim-online-kauf/ 22.06.2016.

meidbar. Eine simple Optimierung, welche sich an den Anwendererwartungen und Bedürfnisse der Kunden orientiert, kann massive Umsatzzuwächse bedeuten. Ziel muss immer sein, den User mit möglichst wenig Klicks zum Ziel, d. h. zum Kauf, zu bringen.

4.4   Weitere Vorteile einer guten Usability

Eine gute Usability wird nicht nur dazu führen, dass der Kunde tatsächlich im Onlineshop eine Order platziert. Tatsächlich wirkt sie auf vielen Ebenen und führt tatsächlich dazu, dass ein Shop in jeder Hinsicht „rund läuft".

4.4.1   Loyalität und Empfehlungen

Zufriedene Kunden kehren zurück – diese Kausalität ist nichts Neues. Wo man sich wohlfühlt, kauft man auch ein zweites und drittes Mal. Eine gute Usability bildet Vertrauen, Anbieter und Marke sind beim Kunden positiv besetzt, daraus resultiert Loyalität. Zusätzlich empfehlen ausschließlich die zufriedenen Kunden den Onlineshop auch an andere potenzielle Neukunden weiter.

4.4.2   Vorteile im Wettbewerb

Vor allem für die Märkte, in denen homogene Webseiten zu finden sind, spielt die Usability eine enorm wichtige Rolle und wird ganz klar als Differenzierungsmerkmal angesehen. Kein Wunder, denn egal welche Produkte Sie in Ihrem Shop anbieten, im Internet sind in den meisten Fällen zahlreiche Onlineshops zu finden, welche sich an die gleiche Zielgruppe richten und gleiche oder ähnliche Produkte anbieten. Das Angebot kann also nur schwer zur Differenzierung dienen, ggf. kann bei der Preisgestaltung eine Abgrenzung erfolgen. Durch eine ideale Benutzerführung und eine einfache Handhabung kann sich der eigene Shop wiederum sehr positiv von der Konkurrenz abheben und zum entscheidenden Faktor werden.

4.5   Vorteile ausspielen – Produktverlinkung und Cross-Selling

Im Vergleich zum stationären Handel weist der Onlinehandel gewisse Nachteile auf – der Kunde kann das Produkt nicht in natura sehen, nicht anfassen, anziehen, probeweise bedienen. Doch der Internethandel bietet umgekehrt auch Vorteile. Der Nutzer im Onlineshop kann mit einer Schlagwortsuche und nur wenigen Klicks den gewünschten Artikel inklusiv einer umfassenden Produktbeschreibung erreichen und muss nicht lange durch einen großen und ggf. unübersichtlichen Laden wandern. Einzelne zueinander passende

Produkte können zudem untereinander verlinkt werden, was dem Kunden die Suche leichter macht. Dem Kunden können solche passenden zusätzlichen Artikel systematisch vorgeschlagen werden (die meisten Shopsysteme bieten diesen Vorgang automatisiert an). Diese sogenannten Cross-Selling-Angebote bieten ein verkäuferisches Potenzial, wenn Sie sinnvoll angewendet werden. Werden dem Kunden logische und passende Zusatzangebote gemacht, ist die Chance vorhanden, dass er einen weiteren Artikel kauft.

4.6   Kosteneinsparung dank guter Usability

Eine gute Usability generiert nicht nur Kunden, sie spart auch ganz objektiv Kosten ein. Webseiten, welche unter Berücksichtigung der Usability-Gesichtspunkte erstellt wurden, erhöhen die Nutzerproduktivität – der Supportaufwand verkleinert sich dadurch. Kommt ein Kunde intuitiv allein zurecht, findet er alle Informationen, die er braucht, sind alle Prozesse transparent und gut verständlich, braucht er keine zusätzlichen Produktinformationen, wird er den Kundensupport selten oder gar nie in Anspruch nehmen müssen. Das führt zu erheblichen Zeit- und Kosteneinsparungen beim Kundendienst.

4.7   Usability-Kriterien

Es gibt einige allgemeine Standards, die die Grundlage einer guten Usability bilden. Beachtet man sie, hat man eine gute Basis für einen benutzerfreundlichen und erfolgreichen Shop.

4.7.1   Seitengestaltung

Der Mensch ist ein Gewohnheitstier – Vertrautheit schafft Vertrauen. Passen Sie darum Ihren Webshop an die im Internet üblichen Gestaltungsregeln an. Diese gibt es nicht ohne Grund. Viele beruhen auf psychologischen Mustern und Verhaltensweisen und bedienen instinktive Bedürfnisse des Users. Originalität zahlt sich hier nicht aus – der Kunde dankt sie Ihnen nicht. Tragen Sie dem Bedürfnis des Kunden Rechnung, sich auf der Seite zurechtzufinden, und gestalten Sie sie entsprechend. Übersichtlichkeit ist das A und O für einen erfolgreichen Onlineshop.

Wissenschaftler haben herausgefunden, dass die obere linke Ecke einer Seite zuerst betrachtet wird[3] – dies ist in unserer Leserichtung ja auch so. Haben Sie also eine Information, ein Sonderangebot, das der User unbedingt sehen will: Dort gehört es hin. Denken

---

[3] http://www.pr-agentur-blog.de/wohin-schauen-sie-zuerst-eyetracking-studie-zum-nutzerverhalten-auf-google-ergebnisseiten-174.html 22.06.2016.

Sie auch an die Wirkung von Signalfarben wie Rot. Diese muss für tatsächliche „Knaller" reserviert bleiben, wie Sonderangebote.

Gehen Sie sicher, dass der Kunde auf jeder Seite die wichtigsten und relevantesten Informationen sofort erkennen kann – d. h. die „Hierarchie" der einzelnen Elemente muss klar erkennbar sein. Überfordern Sie den User nicht – arbeiten Sie mit einer luftigen Gestaltung. Vollgestopfte und überfrachtete Webseiten mit großen Textmassen sind unbeliebt. Kurze und prägnante Texte und Überschriften sowie großformatige Bilder wirken positiv auf das Auge. Halten Sie sich an grundlegende Regeln wie „unterstrichene Worte kennzeichnen Links". Was kein Link ist, gehört im Umkehrschluss auch nicht unterstrichen. Abweichungen davon verwirren und ärgern den Kunden. Übrigens: Wechselt der Link die Farbe, wenn die Maus auf ihn geführt wird, erhöht das die Klickbereitschaft.

Das Menü ist für einen Erstbesucher auf einer Seite von eminenter Wichtigkeit; daher sollte es gleich auf der Startseite sichtbar sein und nicht erst aufgeklappt werden müssen. Der Kunde muss sofort seine Möglichkeiten erkennen können. Der Warenkorb befindet sich in fast allen Onlineshops rechts oben – ersparen Sie also Ihrem Kunden eine ärgerliche Suche an einer anderen Stelle und platzieren Sie ihn ebenfalls dort. Verwenden Sie bekannte Icons, wie den Einkaufswagen oder den Korb. Halten Sie den Aufbau und das Menü auf allen Unterseiten Ihres Webshops einheitlich. Es ärgert den Kunden, auf einer neuen Seite wieder mühsam suchen zu müssen, wo sich was befindet.

Die Suchfunktion muss idealerweise auf jeder Seite des Shops zugänglich und prominent dargestellt sein, es empfiehlt sich auch eine verfeinerte Suchoption. Das Shop-Menü muss klare Produktkategorien aufweisen, bei einem großen Angebot sind Unterkategorien zur besseren Strukturierung eine gute Idee. Das Menü sollte jedoch so simpel wie möglich gehalten werden – die Conversion Rate sinkt mit der Komplexität der Navigation. Wenige Klicks müssen den Kunden zu dem gesuchten Produkt führen – Geduld gehört nicht zu den vorherrschenden Eigenschaften von Onlineshoppern. Es ist also an Ihnen, mit wenigen Begriffen Ihr Sortiment übersichtlich und nachvollziehbar darzustellen.

Die Möglichkeit, Produkte auf einem Wunschzettel oder einer „Merkliste" zwischen zu speichern, gehört ebenfalls zu einem guten Onlineshop. Für eingeloggte Benutzer muss es die Möglichkeit geben, einen solchen Wunschzettel auch bis zum nächsten Besuch zu speichern.

Nehmen Sie Menüpunkte, die nicht der Orientierung im Angebot dienen, in ein separates Menü, zum Beispiel in einer Menüleiste oben auf der Seite – lagern Sie z. B. die Punkte „Über uns", „Kontakt", „Impressum", „AGB", „Zahlungsarten" etc. aus. Dies erhöht die Nutzerfreundlichkeit.

4.7.2   Produktpräsentation

Die Produktseiten werden einheitlich und ebenfalls übersichtlich gestaltet. Denken Sie daran, es wird Ihre wichtigste Unterseite. Unverzichtbar ist ein professionell aufgenommenes, großformatiges Produktfoto. Kommt das Bild nicht an, so hilft die beste

Produktqualität nichts. Sofern von Bedeutung für das Produkt, muss eine Zoomfunktion integriert sein, ggf. sind auch mehrere Ansichten notwendig, um das Produkt ausreichend darzustellen. Gibt es das Produkt in unterschiedlichen Ausführungen, z. B. in mehreren Farben, sollte es für jede Ausführung ein Bild geben.

Produktinformation, Bild, Preis, Größenangaben, Inhaltsstoffe etc. stehen immer an derselben Stelle, ebenso die Produkttipps, die auf Cross-Selling-Angebote verweisen. Der Kunde kann sich so auf jeder Produktseite schnell und sicher orientieren. Die Produktinformationen müssen ausreichend und informativ sein – vermeiden Sie jedoch lange Texte. Strukturieren Sie Ihre Informationen, unterteilen Sie sie ggf. durch Überschriften, und fassen Sie sich so kurz wie es möglich ist. Detaillierte technische Daten sind für viele Kunden unwichtiger als ein professionelles Artikelbild (natürlich müssen die technischen Daten mit einem Klick zur Verfügung stehen, falls ein Kunde sie zu sehen wünscht). Unnötige Informationen erschweren die Sichtbarkeit des Wichtigen. Stellen Sie auch einen direkten Kontaktlink zur Verfügung, damit der Kunde Fragen zum Produkt stellen kann. Bitte informieren Sie sich auch über die aktuelle Gesetzlage des Produktes. Es gibt vielleicht einige Kennzeichnungsangaben, die für Ihre Produkte berücksichtigt werden müssen. Bei manchen Produkten gibt es auch die gesetzlich vorgeschriebene Grundpreisangabe (Preis pro 100 g oder 100 ml). Informieren Sie den Kunden dezent über die gesetzlichen Angaben. Welche gesetzlichen Angaben relevant sind, wird in Kap. 6 detaillierter besprochen.

Versand, Garantie, Versandkosten etc. müssen ebenfalls aus der Produktseite klar ersichtlich sein. Viele Kunden brechen wegen zu hoher Versandkosten, die vorher nicht klar kommuniziert wurden, kurz vor dem Kauf die Transaktion ab.

Die Option, das Produkt in den Warenkorb zu legen, muss einfach bedienbar sein – ein deutlich erkennbarer Button ist die beste Wahl.

4.7.3 Überblick und Kontrolle

Schnell ist es passiert, dass Nutzer eine Funktion versehentlich anklicken. Umso wichtiger ist es, dass jede ungewollte Aktion schnell beendet werden kann – bis hin zu einer versehentlichen Bestellung. Geben Sie dem Nutzer das Gefühl, dass er die Kontrolle hat. Dazu gehört zum Beispiel die Möglichkeit, bereits gewählte Waren wieder aus dem Warenkorb zu löschen. Zusätzlich muss es möglich sein, einzelne Bearbeitungsschritte rückgängig zu machen. Eine Navigationsleiste sollte es jederzeit ermöglichen, im Checkout-Prozess zurückzugehen. Dies schafft zusätzlich Vertrauen.

Ein gutes Gefühl verschafft man dem Kunden auch durch dauernde Information: Dazu gehört zum Beispiel die Bestätigung, ob das Hinzufügen von Artikeln in den Warenkorb funktioniert hat, inklusive Links zum Weitershoppen und zum Check-out, oder der aktuelle Lade- bzw. Vorratsstatus einzelner Produkte. Auch sollte der Kunde auf einen Blick sehen können, ob er eingeloggt ist oder bestimmte Artikel zur Verfügung stehen. Wichtige

Maßnahmen wie z. B. die Änderung einer Lieferadresse o. ä. sollten immer durch eine Bestätigung validiert werden.

Des Weiteren ist es für Nutzer wichtig, dass Hilfen sowie die Bedienhinweise in jeder Situation einfach und schnell aufgerufen werden können. Sollten Fehlermeldungen nicht zu vermeiden sein, so sollten die Fehlerquellen wenigstens schnell beseitigt werden können. Wichtig ist es, dass die Fehlermeldungen verständlich formuliert sind und sie das Problem klar beschreiben sowie mögliche Lösungen aufzeigen. Die Hilfen sollten genau dort zu finden sein, wo die Nutzer sie auch brauchen, so dass nicht lange nach ihnen gesucht werden muss.

4.7.4 Warenkorb und Check-out

Die meisten Kaufabbrüche passieren im Rahmen des Check-out – und zwar zwischen Warenkorb und Bezahlungsvorgang. Hier müssen Sie alle Maßnahmen treffen, damit der Kunde seinen gepackten Warenkorb nicht in letzter Minute stehen lässt.

Erste Maxime: Nicht ablenken! Hier ist nicht der Ort für Gewinnspiele, Sonderangebote, Gutscheine oder sonstiges. Geben Sie dem Kunden die Möglichkeit, seinen Kaufvorgang zügig abzuschließen, und offerieren Sie ihm keine Chance, es sich noch anders zu überlegen. Viele professionelle Shops lassen sogar das Hauptmenü ausblenden. So dass der maximale Fokus auf den Check-out selbst liegt und der Kunde den Kauf abschließt.

Der Warenkorb sollte sämtliche gewählte Artikel übersichtlich auflisten, inklusive Größen-, Farb- und Modellangaben, idealerweise mit einem kleinen Produktfoto. Verwechslungen und versehentliche Bestellungen können so minimiert werden. Der Kunde muss die Möglichkeit haben, Produkte zu löschen, die Anzahl oder Größe zu verändern. Gesamtpreis, Versandkosten etc. müssen übersichtlich dargestellt werden. Der Weg zur Kasse, also zum Check-out, ist klar erkennbar, am besten in Form eines prominenten Buttons. Garantien und Sicherheitsvorkehrungen für einen sicheren Bezahlvorgang sollten Sie prominent darstellen. Zum Thema Bezahlvorgänge siehe auch Kap. 6.

Zwingen Sie den Kunden nicht zur Preisgabe zu vieler oder überflüssiger Daten – darauf reagiert ein guter Teil der Nutzer allergisch. Viele Käufer schätzen es, bei einem ersten Kauf nicht gleich zur Anlage eines Kundenkontos gezwungen zu sein. Offerieren Sie darum die Möglichkeit des Kaufs ohne Registrierung. Für die Stammkunden wiederum ist es hilfreich, wenn sie ihre Daten in einem persönlichen Kundenkonto abspeichern können. Auch zufriedene Kunden werden „knatschig", wenn sie bei jeder Bestellung ihre Adresse und Bankinformation neu eingeben müssen.

Halten Sie Ihre Formulare für den Bezahlvorgang so einfach wie möglich (siehe Abb. 4.1) – der Kunde darf keinesfalls das Gefühl haben, der Vorgang sei kompliziert. Zeigen Sie dem Kunden klar an, wo er sich im Check-out Prozess befindet, wenn der Prozess sich über mehrere Seiten erstreckt. Zum Thema Bezahlung siehe auch Kap. 6.

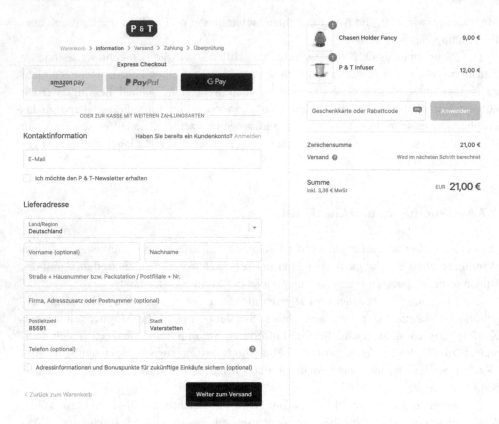

Abb. 4.1 Check-out und Express Check-out

4.7.5   Gamification

Gamification gehört leider immer noch zu den „Buzzwords" der E-Commerce-Branche
und wird sicher in kommenden Jahren eine große Rolle spielen. Einfach formuliert werden Spielmechaniken und der Spieltrieb des Kunden genutzt, um ihn auf der Seite zu
halten und idealerweise zum Kauf und auch zur Rückkehr in den Shop zu bewegen. Spie-
lerische Elemente binden den Kunden emotional an den Vorgang – dies kann mit einfachen Mitteln erzielt werden, z. B. durch ein Punkte- oder Medaillensystem, das Privile-
gien verheißt, Ranglisten, einen Kreis als Fortschrittsanzeige, der sich mit dem Fortschreiten
im Bezahlprozess füllt, oder jede andere Art von Element, das Spiel und Wettbewerb verheißt. Gamification kann, richtig eingesetzt, zur Conversion Rate und Nutzerloyalität bei-
tragen – und schon eine Verringerung der Abbruchquote um 0,1 % ist den Aufwand wert.
Deshalb sollte ein Zukunftsthema auch das Thema Gamification Check-out sein. Bei dem
man sich nur auf die spielerischen Elemente im Check-out konzentriert. Dabei muss jedoch die Zielgruppe im Auge behalten werden: Gewisse Alters- und Bevölkerungsgruppen

reagieren auf Gamification-Elemente positiv, andere betrachten sie eher als lästigen Firle-fanz. Auch hier geht es also einmal mehr darum, seine Zielgruppe zu kennen und Elemente und Techniken wirkungsvoll einzusetzen, wo sie sinnvoll sind.

4.8   Usabilityanalyse

Es lohnt sich, die Usability des eigenen Shops auf den Prüfstand zu stellen. Hierzu gibt es eine Reihe von Möglichkeiten.

Zum einen kann in Zusammenarbeit mit professionellen Usability-Labors eine Analyse durchgeführt werden. Es wird sowohl mit Befragungen als auch mit technischen Verfahren wie dem Eye-Tracking gearbeitet, bei dem genau analysiert wird, wie sich das Auge des Nutzers über die Seite bewegt. Darüber hinaus gibt es auch Befragungssoftware, die während der Nutzung die Möglichkeit zum Feedback gibt. Diese Art der Nutzerbefragung ist jedoch eher etwas für Profis.

Einfacher kann man es als Anfänger im E-Commerce gestalten, wenn man einfach eine Reihe Testpersonen sucht, sie in dem Shop gewisse vorgegebene Kaufabschlüsse durch-führen und dabei das „Laute Denken" (Thinking Aloud) praktizieren lässt. Die Person soll also kommentieren, was ihr durch den Kopf geht. Problematische Punkte im Seitenbe-trachtungs- und Kaufvorgang kommen auch mit dieser Methode recht gut zum Vorschein, sie gilt als aussagekräftig – so geht Usability-Guru Jakob Nielsen davon aus, dass bereits mit fünf Usern tragfähige Erkenntnisse gewonnen werden können. Thinking Aloud kann eine preiswerte „Homemade"-Alternative zur Profianalyse sein.

Ebenso können Sie Ihre Kunden schlicht online befragen. So können Sie eine große Anzahl von Testpersonen erreichen und zu den Anforderungen, Erwartungen und anderen Themenbereichen in Bezug auf den Onlineshop effizient und kostengünstig über einen geplanten Zeitraum befragen. Dabei spielt es keine Rolle, ob es sich bei der Webseite um einen bereits bestehenden Onlineshop handelt oder dieser sich in der Entstehungsphase befindet. Online-Befragungen liefern stets wertvolle Hinweise auf die individuellen Nutzungsgewohnheiten von den Anwendern sowie auf die soziodemografischen Merk-male. Eine der simpelsten Möglichkeiten ist ein Feedbackbutton auf der Seite; ebenso kann nach der Bestellung ein Feedbackformular anschließen. Wie verlässlich die Informa-tionen sind, ist allerdings fraglich – denn es nimmt sich schlicht nicht jeder User die Zeit, auf solche Befragungen zu reagieren.

Es gibt mittlerweile auch einfach zu implementierende Software Lösungen, die das Nutzerverhalten aufnehmen und so gewisse Flows aufzeigen. Das sind dann gerne Einzelaufnahmen von Website Besuchern aber auch komplette Heatmaps um Be-wegungen zu verfolgen. Ich kann hier Microsoft Clarity (https://clarity.microsoft.com/) oder Hotjar (https://www.hotjar.com/) empfehlen. Beide Lösungen sind in der Basis Version kostenlos.

4.9   Die Entwicklung in die Hände von Profis geben

Die Erstellung eines Onlineshops ist keine einfache Aufgabe, und eine gute Usability entsteht nicht von allein. Damit Newcomer mit dem eigenen Onlineshop erfolgreich sind, ist es wichtig, die genannten Aspekte miteinzubeziehen. Da nur die wenigsten Privatpersonen über die notwendige Erfahrung verfügen, bietet es sich an, die Erstellung von Onlineshops unter Berücksichtigung der Usability mithilfe von Profis durchzuführen, so dass sich das Ergebnis ganz klar an den Bedürfnissen der Zielgruppe anpasst und effiziente Ergebnisse erzielt werden können. Das investierte Geld lohnt sich – denn nur eine gute Usability garantiert Umsatz.

Jedoch kann man auch erst einmal mit einem Prototyp anfangen und selbst sukzessive Änderungen durchführen. Welche Version dann dem Kunden am besten gefällt lässt sich ab einer gewissen Besuchermenge dann mit A/B Tests herausfinden. Darauf gehe ich näher in Abschn. 10.2 ein.

Umsetzung und rechtliche Fragen

5

Zusammenfassung

Der Businessplan steht, die technischen Daten sind geklärt, das Design ist festgelegt, die Usability ist definiert. Nun geht es an die Umsetzung. Die Shop-Software muss installiert und der Shop gestaltet werden. Hierfür empfiehlt sich, sofern keine Programmierkenntnisse vorhanden sind, die Zusammenarbeit mit einem professionellen Dienstleister. Überdies sollte an dieser Stelle dafür Sorge getragen werden, dass sämtliche juristischen Vorgaben erfüllt sind – bevor der Shop online geht! Denn Fehler rechtlicher Art können empfindliche finanzielle Folgen haben.

Basierend auf den Informationen in Kap. 2 haben Sie einen Hosting Provider festgelegt, ein entsprechendes Paket gebucht und die Software installiert (oder sich für eine SaaS Lösung entschieden). Meist bieten die Hoster eine automatische Installation eines Shopsystems an – falls nein, können Sie das System von der Herstellerseite laden und auf Ihrem Server mit wenigen Klicks installieren. Die Grundinstallation sollte keine 15 Minuten dauern.

Wenn die Grundinstallation abgeschlossen ist, geht es an die Gestaltung Ihres Shops. Hier ist erweitertes Wissen in den Programmiersprachen CSS, HTML und PHP gefragt, ggf. auch noch JS und LESS. Unprofessionelle Programmierversuche führen schnell dazu, dass Funktionen des Systems beeinträchtigt werden oder sogar das ganze System nicht mehr funktioniert. Laien sei also strikt abgeraten, auf eigene Faust am Quellcode herumzubasteln.

© Springer Fachmedien Wiesbaden GmbH, ein Teil von Springer Nature 2022
Y. Süß, *E-Commerce für kleine und mittelständische Unternehmen*,
https://doi.org/10.1007/978-3-658-38665-8_5

Fehlen die Programmierkenntnisse, kann es notwendig werden, professionelle Hilfe in Anspruch zu nehmen. Ohne entsprechende IT-Kenntnisse zu versuchen, einen Onlineshop aufzusetzen, kann eine sehr langwierige, nervenaufreibende und frustrierende Aufgabe sein. So mancher Anfänger kapituliert an dieser Stelle – einsam vor dem Rechner zu sitzen und nicht voranzukommen macht auch begeisterte Shopgründer mürbe.

Theoretisch ist es natürlich möglich, die Umsetzung selbst vorzunehmen, jedoch werden Sie ohne Vorkenntnisse sehr viel Zeit damit verbringen, sich einzulesen und einzuarbeiten. Auch Ihre eigene Zeit ist letztlich Geld wert, denn diese Zeit können Sie nicht mit anderen Aufgaben verbringen. Daher lohnt es sich, über ein Outsourcing nachzudenken. Es kann die Investition mehr als wert sein. Das Setup zu Beginn birgt einfach zu viele Fallstricke für Laien; wenn Ihnen die oben genannten Programmiersprachen nicht geläufig sind, oder nur zum Teil, sollten Sie darüber nachdenken, einen Profi zurate zu ziehen.

5.1   Professionelle Unterstützung

Es gibt mehrere Möglichkeiten, sich Hilfe zu holen. Die Luxusversion ist es, eine Agentur zu beauftragen, die Ihnen den Shop nach Ihren Wünschen aufsetzt. Gerade für größere Firmen oder Projekte ist dies eine sinnvolle Herangehensweise. Hier gibt es Agenturen mit einem großen Erfahrungsschatz die einen durch das Projekt sicher leiten können. Eine solche Profiunterstützung erleichtert den Start ungemein. Kleine Lösungen für Start-ups sind schon ab ein paar Tausend Euro zu haben, für große Projekte und umfangreiche Shops mit großer Funktionsvielfalt können die Beträge aber auch durchaus in den hohen fünfstelligen und je nach Komplexität auch in den sechsstelligen Bereich gehen. Holen Sie unbedingt mehrere Angebote von verschiedenen Agenturen ein, und lassen Sie sich die Dienstleistungen genau aufschlüsseln. Was beinhaltet das Angebot? Welche Teilaufgaben übernimmt die Agentur, was steuern Sie selbst bei? Soll die Agentur nur das Shopdesign aufsetzen? Designt sie auch gleich das Logo? Welche Warenwirtschaft soll verwendet werden? Ist überhaupt eine notwendig? Wie sieht es mit der Anbindung an Schnittstellen aus? Viele Agenturen bieten neben der Gestaltung auch die Erstellung der Texte und Inhalte an. Wenn Sie selbst nicht gerade ein Wortjongleur sind, ist das durchaus bedenkenswert. Professionelle Texter helfen, den richtigen Ton für den Shop, Startseite, Kategorie und sogar Produktbeschreibungen zu finden, der Ihre Kunden direkt anspricht. Auch die Bildbeschaffung müssen Sie bedenken. Soll die Agentur für die Aufnahmen durch einen Profifotografen sorgen, Bilder professionell bearbeiten, 3D-Renderings erstellen? Wer wählt die Bilder für die Startseitengestaltung aus?

Besprechen Sie alle Punkte genau und gehen Sie sicher, dass Sie alles verstanden haben. Die Agentur tut möglicherweise seit Jahren nichts Anderes als Shopsysteme aufzusetzen, hat einen eingefahrenen Plan und muss auf Ihre speziellen Bedürfnisse hingewiesen werden. Fordern Sie ruhig ein maßgeschneidertes Angebot und lassen Sie sich nicht von Sprüchen wie „Das bieten wir nur als Komplettpaket an" irritieren. Sie sind der Kunde, Sie bezahlen. Lassen Sie sich nicht vorschreiben, welche Dienstleistungen Sie in Anspruch nehmen und welche nicht. Analysieren Sie Ihren Bedarf. Wenn Sie selbst ein geübter und gut ausgerüsteter Hobbyfotograf sind, müssen Sie keinen Profi bezahlen – als Firma gibt es voraussichtlich schon Bilder, Beschreibungen und Technische Daten. Geht Ihnen das Texten leicht von der Hand, brauchen Sie niemand anderen dafür zu engagieren. Nutzen Sie aber in den Bereichen, in denen Sie selbst oder Kollegen aus der Firma nicht sehr versiert sind, professionelle Unterstützung.

Eine sorgfältige Absprache und regelmäßige Checkups sind das A und O für das Gelingen eines Projekts. Lassen Sie die Finger von Agenturen, die tönen, „Wir machen Ihnen das schlüsselfertig, lassen Sie uns nur machen", und Ihnen nicht gestatten wollen, regelmäßig den Stand des Projekts zu begutachten. Was, wenn das Ergebnis am Ende nicht Ihren Wünschen entspricht? Böse Überraschungen können die Folge sein. Möglicherweise sind Ihre ästhetischen Vorstellungen und die der Agentur einfach unterschiedlich – Geschmäcker sind verschieden. Lassen Sie sich also durchaus eine sehr frühe Version des Shops zeigen – ein solcher Schulterblick im Frühstadium erspart aufwendiges Überarbeiten am Ende. Arbeiten Sie viel mit Einzelabnahmen und überarbeiten Sie das Ergebnis immer wieder.

Anstelle einer Agentur können Sie auch in Betracht ziehen, einen Mitarbeiter für Ihr Shop-Projekt zu engagieren. Diese Maßnahme hängt natürlich von Ihrer Gesamtplanung ab und ist möglicherweise erst aber einer gewissen Projektgröße sinnvoll. Natürlich ist es auch eine Alternative, einen jungen Programmierer für eine begrenzte Zeit zu beschäftigen, der Ihnen den Shop nach Ihren Wünschen aufsetzt. Hier werden Sie sich allerdings stärker selbst einbringen müssen als im Agenturumfeld. Dafür ist diese Lösung günstiger.

5.2   Konzeptarbeit

Egal ob Sie Ihren Shop selbst aufsetzen oder einen Profi daransetzen: Das Gelingen hängt massiv von einer guten und detaillierten Planung und einem umfassenden Briefing ab – ob dieses sich nun an einen Dienstleister oder an Sie selbst richtet. Nehmen Sie sich für diese viel Zeit. Es ist ein wenig wie ein Drehbuch beim Film – kein Regisseur würde die Klappe schlagen, bevor er nicht genau weiß, welche Szenen und Einstellungen er filmen will. Er bekäme niemals das gewünschte Ergebnis. Ebenso sollten Sie das Setup Ihres Shops mit einem detaillierten Plan beginnen. Fangen Sie nicht einfach an.

Was soll auf welcher Seite zu sehen sein? Welche Unterseiten, Menüpunkte etc. soll es geben? Wo steht was? Welche Inhalte stellen Sie sich vor? Visualisieren Sie Ihren Shop, so gut Sie können – zeichnen Sie ihn gegebenenfalls mit Papier und Bleistift! Tatsächlich kann es helfen, wenn die einzelnen Shopseiten auf Papierblättern visuell dargestellt werden – es hilft, sich den Shop in der Planungsphase bildlich vorzustellen. Darüber hinaus gibt es Programme wie Balsamiq (balsamiq.com), mit denen sich recht einfach ziemlich professionell aussehende Scribbles von Webseiten erstellen lassen.

Denken Sie sich in den Kunden hinein, der am Bildschirm Ihre Produkte betrachtet, und leiten Sie daraus die notwendigen Funktionen ab, die in den Shop integriert werden müssen. All diese Funktionen und Wünsche müssen Sie in Ihr Briefing an den Profi integrieren – er kann nicht ahnen, was Sie sich wünschen.

Ein Beispiel: Ihr Shop vertreibt Kleidung. Viele Artikel sind in unterschiedlichen Farben erhältlich. Üblicherweise befindet sich in solchen Fällen ein Dropdown-Menü in der Artikelbeschreibung, in dem die Farbe ausgewählt werden kann. Eine gute Usability verlangt, dass bei der Wahl einer Farbe auch ein entsprechendes Artikelbild auftaucht. Vielleicht könnte die Farbe aber auch schon direkt als Bild oder kleine Farbgrafik ausgewählt werden. Diese Funktion muss jedoch explizit eingerichtet werden. Entsprechend diesem Beispiel müssen Sie alles, was auf den Seiten Ihres Shops passieren soll, planen und aufschlüsseln.

5.3   Lasten- und Pflichtenheft

Wenn Sie Ihr Shop-Projekt an einen Profi vergeben, ist es sinnvoll, alle Anforderungen und Wünsche schriftlich festzulegen. Dies hat nichts mit Misstrauen zu tun. Eine solche schriftliche Fixierung des Auftrags dient beiden Seiten – keiner der Beteiligten kann sich unter diesen Umständen mit „Das haben wir so aber (nicht) besprochen!" herausreden. Aufwendige Anpassungsarbeiten können vermieden werden.

Man bedient sich hier gerne des Systems des Lasten- und Pflichtenhefts. Das Lastenheft ist der Anforderungskatalog des Auftraggebers, das Grobkonzept quasi – hier beschreibt er seine Gedanken zu dem Auftrag und die Rahmenbedingungen des Projekts.

Das Lastenheft beinhaltet folgende Punkte:

- Ausgangsposition: Wo steht das Projekt? Welche Grundlagen sind gelegt, z. B. technische Voraussetzungen, welche Shop-Software wurde gewählt, gibt es schon ein Logo oder eine CI, welche Produkte werden verkauft, welche Zielgruppe wird angepeilt?
- Zielsetzung: Was soll erreicht werden? Wie sieht das gewünschte Endprodukt aus?
- Auftragsumfang und Arbeitsteilung: Wer macht was? Welche Aufgaben übernimmt Ihr Dienstleister, was steuern Sie bei? Wie läuft die Zusammenarbeit ab? Wer fungiert als Koordinator?
- Produkteinsatz: Was soll das fertige Produkt leisten?
- Funktionale Anforderungen: Welche konkreten Funktionen soll Ihr Shop haben?
- Nichtfunktionale Anforderungen: Hierunter fallen Anforderungen wie Zuverlässigkeit, Wartbarkeit, Erweiterbarkeit etc.
- Zeitplan und Meilensteine: Was soll wann fertig sein? An welchen wichtigen Punkten (Meilensteinen) wird sich abgestimmt? Wann erhalten Sie Einblick in den Projektstand?
- Abnahmekriterien und Qualitätsanforderungen: Wann genau gilt der Auftrag als erfüllt? „Fertiger Shop" reicht hier nicht als Definition!

- Wer kümmert sich um die Betreuung nach dem Shop online ist? Möchten Sie einen Wartungsvertrag abschließen?

Selbst wenn Sie in Eigenregie arbeiten, weil Ihre IT-Kenntnisse ausreichend sind, lohnt es sich, sich selbst in dieser Form die Zielsetzung und Anforderungen zu vergegenwärtigen. Arbeiten Sie mit einem Dienstleister, ist ein solcher Anforderungskatalog unabdingbar für einen reibungslosen Ablauf.

Als Laie finden Sie es eventuell sehr schwierig, Ihre Anforderungen genau zu formulieren. Nehmen Sie ruhig die Unterstützung Ihres Dienstleisters bei der Erstellung des Lastenhefts in Anspruch. Er hat schon viele ähnliche Projekte geplant und durchgezogen – wenn Sie das Lastenheft gemeinsam erstellen, ist es weit weniger wahrscheinlich, dass etwas vergessen wird. Ein professioneller Anbieter wird sich nicht dagegen sperren – wehrt sich Ihre Agentur, ist das ein schlechtes Zeichen, denn ein sorgfältig formulierter Auftrag liegt wie gesagt im Interesse beider Seiten.

Ein einmal formuliertes Lastenheft kann auch hilfreich sein, um mehrere Angebote einzuholen – werden diese auf Basis desselben Lastenhefts erstellt, sind sie sehr gut miteinander vergleichbar.

Im zweiten Schritt erstellt der Auftragnehmer das sogenannte Pflichtenheft, in dem beschrieben wird, wie er das Projekt umsetzen wird. Zusammen mit dem finanziellen Angebot bildet das Pflichtenheft die Vertragsgrundlage für das Projekt. Achten Sie daher sorgfältig darauf, dass das Pflichtenheft Ihre Wünsche widerspiegelt. Verstehen Sie alles? Lassen Sie sich nicht von „Fachchinesisch" verwirren. Wichtig ist die Formulierung von Zielen und im Gegensatz dazu von „Nicht-Zielen", also Funktionen, die das Projekt nicht haben wird – auf dieser Grundlage entsteht eine klare Absprache über den Leistungsumfang. Auch die Termine sollten klar niedergelegt sein. Investieren Sie unbedingt die notwendige Zeit in diese Feinabstimmung. Es lohnt sich!

5.4 Rechtliche Vorgaben

Eine Reihe juristischer Vorgaben müssen bei der Gestaltung eines Onlineshops eingehalten werden. Diese dürfen Sie auf keinen Fall fehlerhaft umsetzen, da sich Fehler mitunter bitter rächen. Nutzen Sie besser einen professionellen Dienstleister für die Erstellung des Shops; er wird Ihnen mit Rat und Tat zur Seite stehen und übernimmt i. d. R. für seine Beratung auch die Haftung. Arbeiten Sie in Eigenregie, müssen Sie selbst auf die korrekte Umsetzung der Vorgaben achten. Wegen der Vielzahl der einzuhaltenden Vorschriften und der ebenfalls zu beachtenden Rechtsprechung, ist dieses aber eine große Herausforderung für den nicht juristisch beschlagenen Unternehmer.

Die wichtigsten rechtlichen Bestimmungen werden hier behandelt; der Text erhebt jedoch keinen Anspruch auf Vollständigkeit in Bezug auf alle denkbaren Szenarien und kann keine juristische Beratung ersetzen.

Besonders relevant sind für Onlinehändler folgende Gesetze:

- Datenschutzgrundverordnung (DSGVO), Bundesdatenschutzgesetz (BDSG)
- Telemediengesetz (TMG)
- Staatsvertrag über Rundfunk und Telemedien (RStV)
- E-Commerce- und Fernabsatzrecht des Bürgerlichen Gesetzbuchs (§ 312 b ff. BGB)
- Recht der allgemeinen Geschäftsbedingungen des Bürgerlichen Gesetzbuches (§§ 305 ff. BGB)
- Art. 246 des Einführungsgesetzes zum Bürgerlichen Gesetzbuch (EGBGB)
- Signaturgesetz (SigG)
- Preisangabenverordnung (PangV)
- Ggf. auch Dienstleistungs-Informationspflichten-Verordnung (DL-InfoV)
- Telekommunikation-Telemedien-Datenschutz-Gesetz (TTDSG)

Weiterhin gibt es vom „Gesetz gegen den unlauteren Wettbewerb" (UWG), über das Urheberrecht (Urhebergesetz, UrhG) und der „Geoblocking EU-Verordnung" bis hin zum „Verbraucherstreitbeilegungsgesetz" noch eine Vielzahl weiterer Regelungen, die unmittelbar oder mittelbar Einfluss auf die Gestaltung und den Inhalt des Onlineshops oder der damit verbundenen Prozesse (Marketing, Sales, Aftersales, Finance & Tax usw.) haben.

Sind Sie auch im Ausland – insbesondere außerhalb der Europäischen Union – aktiv, müssen Sie auch die Rechtsvorschriften des betroffenen Landes beachten; dies kann weitere Herausforderungen mit sich bringen. Nicht immer lässt sich zudem zu wirtschaftlich sinnvollen Bedingungen eine effiziente Beratung erreichen, die neben den nationalen auch die inter- bzw. transnationalen Regelung umfasst.

Sie können zwar eine sogenannte Rechtswahl treffen, doch es ist gesetzlich geregelt, dass dem Verbraucher dadurch keine Rechte entzogen werden dürfen, die in seiner Heimat gelten. Auch hier eine potenzielle Konfliktquelle also. Insofern empfiehlt es sich, Ihren Wirkungskreis – zumindest zu Beginn – auf eines oder einige wenige Länder zu begrenzen und dieses auch deutlich zu kommunizieren (z. B. auch in den AGB und auf der Website).

5.4.1 Die Impressumspflicht

Als Onlinehändler sind Sie verpflichtet, eine „Anbieterkennzeichnung" vorzunehmen, auch Impressumspflicht genannt. Diese sollte nicht auf die leichte Schulter genommen werden, denn Bußgelder von bis zu 50.000 Euro sind möglich, wenn Sie dieses unterlassen oder fehlerhaft vornehmen. Zudem können Mitbewerber Sie abmahnen, was neben Ihrem eigenen Aufwand auch noch sehr teuer kommen kann (Anwälte, Vertragsstrafen usw.). Achten Sie also unbedingt auf eine rechtssichere Gestaltung.

Nach § 5 des Telemediengesetzes müssen von Onlinehändlern folgende Angaben gemacht werden:

1. Voller Name und die Anschrift, unter der Sie niedergelassen sind. Wichtig: Ein Postfach genügt nicht, und einfach nur eine E-Mail-Adresse erst recht nicht. Bei juristi-

schen Personen ist zusätzlich die Rechtsform (GmbH, AG etc.) anzugeben, die Vertretungsberechtigten, z. B. alle Geschäftsführer oder der Vorstand. Achten Sie auch darauf, dass Sie, wenn Sie als Einzelunternehmer tätig sind, sich im Impressum nicht als Geschäftsführer bezeichnen. Dieses wäre irreführen und abmahnfähig. Sofern Angaben über das Kapital der Gesellschaft gemacht werden, muss das Stamm- oder Grundkapital sowie, wenn nicht alle in Geld zu leistenden Einlagen eingezahlt sind, der Gesamtbetrag der ausstehenden Einlagen angegeben werden.

2. Angaben, die eine schnelle elektronische Kontaktaufnahme und unmittelbare Kommunikation mit ihnen ermöglichen, einschließlich der Adresse der elektronischen Post (E-Mail-Adresse). Es besteht auch die Pflicht, regelmäßig den ggf. eingerichteten Spam-Ordner zu prüfen, ob dort ggf. E-Mails enthalten sind, die zur redlichen Kontaktaufnahme dienen.

3. Soweit Sie Ihre Leistung im Rahmen einer Tätigkeit anbieten oder erbringen, die der behördlichen Zulassung bedarf, müssen Sie die zuständige Aufsichtsbehörde angeben. Dieses trifft z. B. zu für Bauträger und Gastronomiebetriebe.

4. Das Handelsregister, Vereinsregister, Partnerschaftsregister oder Genossenschaftsregister, in das Sie eingetragen, sind und die entsprechende Registernummer.

5. Wenn Sie einer Berufsgruppe mit bestimmten Zulassungsvoraussetzungen (z. B. Staatsexamen, Diplom) angehören und/oder die Führung Ihrer Berufsbezeichnung von staatlichen Zugangsvoraussetzungen abhängt, wie bei Ärzten, Architekten, Anwälten, Steuerberatern etc., Angaben über
   a. die Kammer, welcher Sie angehören,
   b. die gesetzliche Berufsbezeichnung und den Staat, in dem die Berufsbezeichnung verliehen wurde,
   c. die Bezeichnung der berufsrechtlichen Regelungen und dazu, wie diese zugänglich sind (Link zum Gesetzestext oder Angabe der Fundstelle, z. B. dem Bundesgesetzblatt!);

6. Umsatzsteueridentifikationsnummer nach § 27a des Umsatzsteuergesetzes oder Wirtschafts-Identifikationsnummer nach § 139c der Abgabenordnung, wenn Sie bzw. Ihr Unternehmen eine solche besitzen. Die Umsatzsteueridentifikationsnummer ist notwendig für einen mehrwertsteuerfreien Warenaustausch innerhalb der EU. Sie kann beim Finanzamt beantragt werden.

7. bei Aktiengesellschaften, Kommanditgesellschaften auf Aktien und Gesellschaften mit beschränkter Haftung, die sich in Abwicklung oder Liquidation befinden, die Angabe hierüber.

Das in dieser Weise erstellte Impressum muss auf der Website **ständig verfügbar** sein – das bedeutet, es muss von jeder Seite Ihres Shops erreichbar sein (maximal zwei Klicks werden akzeptiert, wobei die Rechtsprechung hierzu etwas älter ist und es damals noch keine „One-Pager" bei denen man endlos scrollen muss). Es geht also weniger um die Anzahl der Klicks, sondern um die einfache Erreichbarkeit und damit darum, dass das Impressum leicht auffindbar ist. Am besten ist daher eine separate Impressumsseite mit eigenem Link,

der auf jeder Seite an derselben Stelle steht (z. B. im Footer oder im Header) und gut sichtbar ist (Farbe, Schriftgröße). Ein Impressum wäre zudem nicht leicht erreichbar, wenn der
Nutzer zum Lesen erst ein weiteres (Betrachtungs-)Programm laden muss. Verzichten Sie
darauf, das Impressum – aber auch andere Pflichtangaben – im PDF vorzuhalten.

5.4.2 Weitere Informationspflichten im Fernabsatzgeschäft

Als Onlinehändler gehen Sie mit dem Käufer einen rechtsgültigen sogenannten Fernabsatzvertrag ein. Sie haben in diesem Zusammenhang gewisse Informationspflichten,
denen Sie nachkommen müssen.

Ein Händler hat seinen Kunden laut Einführungsgesetz Artikel 246a des BGB, bevor
dieser ein Produkt in seinen Warenkorb legt (das bedeutet, diese Informationen dürfen
nicht erst während des Check-outs zugänglich gemacht werden), folgende Angaben
zu machen:

1. Die wesentlichen Eigenschaften der Waren oder Dienstleistungen in dem für das
   Kommunikationsmittel und für die Waren und Dienstleistungen angemessenen
   Umfang,
2. seine Identität, beispielsweise seinen Handelsnamen sowie die Anschrift des Ortes, an
   dem er niedergelassen ist, seine Telefonnummer und gegebenenfalls seine Telefax-
   nummer und E-Mail-Adresse sowie gegebenenfalls die Anschrift und die Identität des
   Unternehmers, in dessen Auftrag er handelt,
3. zusätzlich zu den Angaben gemäß Nummer 2 die Geschäftsanschrift des Unternehmers und gegebenenfalls die Anschrift des Unternehmers, in dessen Auftrag er
   handelt, an die sich der Verbraucher mit jeder Beschwerde wenden kann, falls diese
   Anschrift von der Anschrift unter Nummer 2 abweicht,
4. den Gesamtpreis der Waren oder Dienstleistungen einschließlich aller Steuern und
   Abgaben, oder in den Fällen, in denen der Preis aufgrund der Beschaffenheit der
   Waren oder Dienstleistungen vernünftigerweise nicht im Voraus berechnet werden
   kann, die Art der Preisberechnung sowie gegebenenfalls alle zusätzlichen Fracht-,
   Liefer- oder Versandkosten und alle sonstigen Kosten, oder in den Fällen, in denen
   diese Kosten vernünftigerweise nicht im Voraus berechnet werden können, die Tatsache, dass solche zusätzlichen Kosten anfallen können,
5. im Falle eines unbefristeten Vertrags oder eines Abonnement-Vertrags den Gesamtpreis; dieser umfasst die pro Abrechnungszeitraum anfallenden Gesamtkosten und,
   wenn für einen solchen Vertrag Festbeträge in Rechnung gestellt werden, ebenfalls
   die monatlichen Gesamtkosten; wenn die Gesamtkosten vernünftigerweise nicht im
   Voraus berechnet werden können, ist die Art der Preisberechnung anzugeben,
6. die Kosten für den Einsatz des für den Vertragsabschluss genutzten Fernkommunikationsmittels, sofern dem Verbraucher Kosten berechnet werden, die über
   die Kosten für die bloße Nutzung des Fernkommunikationsmittels hinausgehen,

7. die Zahlungs-, Liefer- und Leistungsbedingungen, den Termin, bis zu dem der Unternehmer die Waren liefern oder die Dienstleistung erbringen muss, und gegebenenfalls das Verfahren des Unternehmers zum Umgang mit Beschwerden,
8. das Bestehen eines gesetzlichen Mängelhaftungsrechts für die Waren,
9. gegebenenfalls das Bestehen und die Bedingungen von Kundendienst, Kundendienstleistungen und Garantien,
10. gegebenenfalls bestehende einschlägige Verhaltenskodizes gemäß Artikel 2 Buchstabe f der Richtlinie 2005/29/EG des Europäischen Parlaments und des Rates vom 11. Mai 2005 über unlautere Geschäftspraktiken im binnenmarktinternen Geschäftsverkehr zwischen Unternehmen und Verbrauchern und zur Änderung der Richtlinie 84/450/EWG des Rates, der Richtlinien 97/7/EG, 98/27/EG und 2002/65/EG des Europäischen Parlaments und des Rates sowie der Verordnung (EG) Nr. 2006/2004 des Europäischen Parlaments und des Rates (ABl. L 149 vom 11.06.2005, S. 22) und wie Exemplare davon erhalten werden können,
11. gegebenenfalls die Laufzeit des Vertrags oder die Bedingungen der Kündigung unbefristeter Verträge oder sich automatisch verlängernder Verträge,
12. gegebenenfalls die Mindestdauer der Verpflichtungen, die der Verbraucher mit dem Vertrag eingeht,
13. gegebenenfalls die Tatsache, dass der Unternehmer vom Verbraucher die Stellung einer Kaution oder die Leistung anderer finanzieller Sicherheiten verlangen kann, sowie deren Bedingungen,
14. gegebenenfalls die Funktionsweise digitaler Inhalte, einschließlich anwendbarer technischer Schutzmaßnahmen für solche Inhalte,
15. gegebenenfalls, soweit wesentlich, Beschränkungen der Interoperabilität und der Kompatibilität digitaler Inhalte mit Hard- und Software, soweit diese Beschränkungen dem Unternehmer bekannt sind oder bekannt sein müssen, und
16. gegebenenfalls, dass der Verbraucher ein außergerichtliches Beschwerde- und Rechtsbehelfsverfahren, dem der Unternehmer unterworfen ist, nutzen kann, und dessen Zugangsvoraussetzungen.

Diese Angaben machen Sie am besten in den AGB, siehe Abschn. 5.4.8.

5.4.3   Die „Button-Lösung" – Ihre Informationspflicht auf der Bestellseite

Als Händler sind Sie verpflichtet, Ihrem Kunden deutlich anzuzeigen, dass er eine zahlungspflichtige Bestellung tätigt. Verlangt wird ein gut lesbarer Button mit entsprechend klarer Beschriftung; als gesetzliche Regelbezeichnung ist „zahlungspflichtig bestellen" vorgesehen. Halten Sie sich an diese Bezeichnung – sie schließt jeden Irrtum aus und Sie sind in Streitfällen auf der sicheren Seite.

Direkt vor der Bestellung ist es Ihre Pflicht, den Käufer deutlich darauf hinzuweisen, was er bestellt. Vorgeschrieben sind eine klare, verständliche und hervorgehobene Darstellung, die übersichtlich sämtliche Waren, die bestellt werden, zeigt, ebenso Preis und Versandkosten. Das heißt, diese Informationen müssen, auch wenn der Kunde sie bereits zu Anfang des Bestellvorgangs angezeigt bekommen hat, direkt vor dem Bestellbutton nochmals gezeigt werden – sie müssen sofort sichtbar sein, ohne Scrollen.

Ebenso deutlich müssen Widerrufsrecht und AGB unmittelbar zugänglich sein – wie das Impressum sollten diese Punkte auf jeder Unterseite des Shops verlinkt sein.

5.4.4   Preisangabenverordnung

Als Onlinehändler unterliegen Sie der Preisangabenverordnung (PangV), die Sie peinlich genau einhalten sollten. Kosten für Abmahnungen, die aufgrund von falschen, fehlenden und falsch positionierten Preisangaben erfolgen, können Sie sich sparen.

Sie sind als Onlinehändler verpflichtet, Ihren Kunden Endpreise zu präsentieren. Versteckte Kosten, die erst ganz zum Schluss zum Vorschein kommen, sind unzulässig. Selbst wenn sie es nicht wären, wären sie zudem nicht ratsam – Kunden reagieren nachweislich sehr allergisch auf Kosten, die nicht ausdrücklich ausgewiesen wurden und dann kurz vor knapp präsentiert werden. Für viele Menschen sind versteckte Kosten ein triftiger Grund, einen Kauf nicht zu tätigen, ob im Netz oder anderswo. Geben Sie Ihre Preise zuzüglich gültiger Mehrwertsteuer, Versandkosten (sofern Sie solche verlangen) und sonstiger Preisbestandteile, wie Zölle oder andere Gebühren, an. Die Preisangabe muss gut erkennbar und wahrnehmbar sein. Wenn sich die Mehrwertsteuer – ggf. zeitlich befristet – ändert, müssen die Prozesse und Hinweistexte unbedingt angepasst werden.

Handeln Sie mit Produkten, die in Mengeneinheiten abgegeben werden, sind Sie überdies verpflichtet, neben dem Endpreis auch den Grundpreis anzugeben (z. B. Preis à 100 Gramm). Diese Angabe sollte die Endpreisangabe stets flankieren.

Wichtig ist auch, zu welchem Zeitpunkt Sie über die Preise informieren. Bereits bevor der Kunde den Bestellvorgang beginnt, muss völlig klar sein, welche Kosten auf ihn zukommen, d. h. wenn der Kunde den Artikel in den Warenkorb legt, muss die Information zur Verfügung stehen. Jede Produktseite Ihres Shops sollte daher diese Angaben enthalten.

Wenn Sie ins Ausland vertreiben, müssen Sie auch die Versandkosten in die jeweiligen Länder angeben. Sicherheitshalber sollten Sie keinen internationalen Versand in Länder anbieten, bei denen Sie ggf. die Kosten gar nicht im Vorhinein abschätzen und auch in vielen Fällen gar nicht für die Lieferung garantieren können. Letztlich sind Sie an die von Ihnen angegebenen Versandkosten gebunden, und im Zweifelsfall müssen Sie liefern, auch wenn die Versandkosten Ihren Profit zunichtemachen. Es empfiehlt sich daher, über eine Einschränkung (z. B. „Versand nur innerhalb der EU ohne deutsche Inseln") nachzudenken.

Die Versandkosten müssen nicht direkt neben dem Produktpreis angegeben werden, eine Verlinkung ist zulässig. Achten Sie jedoch unbedingt darauf, dass die Verlinkung deutlich ist und die verlinkte Übersicht nachvollziehbar und leicht verständlich aufbereitet ist.

5.4.5   Allgemeine Pflichten im elektronischen Geschäftsverkehr

Onlinehändler unterliegen zusätzlich noch den allgemeinen Pflichten im elektronischen Geschäftsverkehr laut § 312 i BGB. Als Händler müssen Sie:

1. angemessene, wirksame und zugängliche technische Mittel zur Verfügung zu stellen, mit deren Hilfe der Kunde Eingabefehler vor Abgabe seiner Bestellung erkennen und berichtigen kann,
2. die in Artikel 246c des Einführungsgesetzes zum Bürgerlichen Gesetzbuch (EGBGB) bestimmten Informationen rechtzeitig vor Abgabe von dessen Bestellung klar und verständlich mitzuteilen,
3. den Zugang von dessen Bestellung unverzüglich auf elektronischem Wege zu bestätigen und
4. die Möglichkeit zu verschaffen, die Vertragsbestimmungen einschließlich der allgemeinen Geschäftsbedingungen bei Vertragsschluss abzurufen und in wiedergabefähiger Form zu speichern.

Artikel 246c EGBGB, der in Punkt 2 erwähnt wird, besagt:

Bei Verträgen im elektronischen Geschäftsverkehr muss der Unternehmer den Kunden unterrichten:

1. über die einzelnen technischen Schritte, die zu einem Vertragsschluss führen,
2. darüber, ob der Vertragstext nach dem Vertragsschluss von dem Unternehmer gespeichert wird und ob er dem Kunden zugänglich ist,
3. darüber, wie er mit den nach § 312i Absatz 1 Satz 1 Nummer 1 des Bürgerlichen Gesetzbuchs zur Verfügung gestellten technischen Mitteln Eingabefehler vor Abgabe der Vertragserklärung erkennen und berichtigen kann,
4. über die für den Vertragsschluss zur Verfügung stehenden Sprachen und
5. über sämtliche einschlägigen Verhaltenskodizes, denen sich der Unternehmer unterwirft, sowie über die Möglichkeit eines elektronischen Zugangs zu diesen Regelwerken.

Diese Pflichten gelten nicht, wenn der Vertrag ausschließlich durch individuelle Kommunikation geschlossen wird.

5.4.6   Abschriften und Bestätigungen

In dem Moment, in dem der Kunde Ware bei Ihnen bestellt, geht er mit Ihnen einen rechtsgültigen sogenannten „Fernabsatzvertrag" ein. Dieser bringt wiederum Verpflichtungen mit sich (§ 312 f. BGB).

Sie sind verpflichtet, Ihrem Kunden eine Bestätigung des Vertrags, in der der Vertragsinhalt wiedergegeben ist, innerhalb einer angemessenen Frist nach Vertragsschluss, spätestens jedoch bei der Lieferung der Ware, auf einem dauerhaften Datenträger zur Verfügung zu stellen. Die Bestätigung nach Satz 1 muss die in Artikel 246a (siehe Abschn. 5.4.2) genannten Angaben enthalten, es sei denn, der Unternehmer hat dem Verbraucher diese Informationen bereits vor Vertragsschluss auf einem dauerhaften Datenträger zur Verfügung gestellt. Die Bestätigung kann per E-Mail erfolgen, oder auch ausgedruckt auf Papier bei der Warenlieferung.

Bei Verträgen über die Lieferung von nicht auf einem körperlichen Datenträger befindlichen Daten, die in digitaler Form hergestellt und bereitgestellt werden (digitale Inhalte), ist auf der Abschrift oder in der Bestätigung des Vertrags nach den Absätzen 1 und 2 gegebenenfalls auch festzuhalten, dass der Verbraucher vor Ausführung des Vertrags

1. ausdrücklich zugestimmt hat, dass der Unternehmer mit der Ausführung des Vertrags vor Ablauf der Widerrufsfrist beginnt, und
2. seine Kenntnis davon bestätigt hat, dass er durch seine Zustimmung mit Beginn der Ausführung des Vertrags sein Widerrufsrecht verliert.

5.4.7   Widerrufsrecht

Als Onlinehändler sind Sie verpflichtet, Ihren Kunden nach § 312g BGB ein 14-tägiges Widerrufsrecht einzuräumen. Dieses gilt uneingeschränkt – der Kunde muss keine Gründe für den Widerruf angeben, es gibt auch keine Bedingungen wie Mängel an der Ware. Tatsächlich ist das Widerrufsrecht eine zentrale Grundlage des E-Commerce – denn nur wenige Leute würden Ware im Internet bestellen, wo sie nicht vor dem Kauf direkt in Augenschein genommen werden kann, wenn sie sie nicht bei Nichtgefallen zurücksenden könnten.

Der Gesetzgeber verpflichtet Sie, dass Sie das Widerrufsrecht nicht nur gewähren, sondern auch deutlich „auf einem dauerhaften Datenträger" darauf hinweisen müssen – das kann eine E-Mail oder die Papierform sein. Sie sind auch verpflichtet, dem Kunden ein Widerrufsformular zur Verfügung zu stellen.

Das 14-tägige Widerrufsrecht gilt ab Erhalt der Ware durch den Kunden; haben Sie eine Bestellung in mehreren Teilsendungen geliefert, gilt als Stichtag der Erhalt der letzten Sendung. Um das Widerrufsrecht zu wahren, reicht es, wenn der Kunde die Ware innerhalb der 14-Tage-Frist an Sie zurücksendet – sie muss nicht innerhalb der 14 Tage wieder bei Ihnen eingetroffen sein. Es gilt gewissermaßen der „Poststempel" der Absendung.

Wichtig ist es, für den Retouren Fall die Modalitäten vorab zu klären. Soll der Kunde die Rücksendekosten selbst tragen, so müssen Sie dies vorab kommunizieren im Rahmen der Widerrufsbelehrung. Ist diese Frage nicht geregelt, können Sie nicht im Nachhinein verlangen, dass der Kunde den Versand bezahlt.

Erhalten Sie die Ware beschädigt zurück, da sie unsachgemäß oder in einer Weise gehandhabt wurde, die nicht notwendig war zu ihrer Prüfung, so können Sie Wertersatz fordern. Auch gebrauchte Ware müssen Sie nicht klaglos zurücknehmen.

Sie können als Anbieter das Widerrufsrecht nicht einschränken, wie mit der Forderung, dass die Ware in Originalverpackung zurückgeschickt werden muss. Es gibt allerdings eine Reihe von Fällen, in denen das Widerrufsrecht nicht greift, weil dem Händler eine Rücknahme nicht zugemutet werden kann, beispielsweise aus hygienischen Gründen. Das Widerrufsrecht gilt nicht für:

1. Verträge zur Lieferung von Waren, die nicht vorgefertigt sind und für deren Herstellung eine individuelle Auswahl oder Bestimmung durch den Verbraucher maßgeblich ist oder die eindeutig auf die persönlichen Bedürfnisse des Verbrauchers zugeschnitten sind,
2. Verträge zur Lieferung von Waren, die schnell verderben können oder deren Verfallsdatum schnell überschritten würde,
3. Verträge zur Lieferung versiegelter Waren, die aus Gründen des Gesundheitsschutzes oder der Hygiene nicht zur Rückgabe geeignet sind, wenn ihre Versiegelung nach der Lieferung entfernt wurde,
4. Verträge zur Lieferung von Waren, wenn diese nach der Lieferung aufgrund ihrer Beschaffenheit untrennbar mit anderen Gütern vermischt wurden,
5. Verträge zur Lieferung alkoholischer Getränke, deren Preis bei Vertragsschluss vereinbart wurde, die aber frühestens 30 Tage nach Vertragsschluss geliefert werden können und deren aktueller Wert von Schwankungen auf dem Markt abhängt, auf die der Unternehmer keinen Einfluss hat,
6. Verträge zur Lieferung von Ton- oder Videoaufnahmen oder Computersoftware in einer versiegelten Packung, wenn die Versiegelung nach der Lieferung entfernt wurde,
7. Verträge zur Lieferung von Zeitungen, Zeitschriften oder Illustrierten, mit Ausnahme von Abonnement-Verträgen.

Aufgelistet wurden hier nur die für Onlineshop Betreiber relevanten Ausschlüsse des Widerrufsrechts.

5.4.8 Die allgemeinen Geschäftsbedingungen (AGB)

Es empfiehlt sich, für Ihren Onlineshop allgemeine Geschäftsbedingungen, kurz als AGB bekannt, zu entwickeln. Kurz gesagt, handelt es sich bei den AGB um die Vertragsbedingungen, auf deren Grundlage der Kaufvertrag zustande kommt. Es besteht keine Pflicht zur Aufnahme von AGB; sie sind auch nicht zwingend notwendig. Arbeiten Sie ohne AGB, so bewegen Sie sich deshalb nicht im rechtsfreien Raum – die gesetzlichen Bestimmungen gelten in diesem Fall. Jedoch ist es häufig besser, individuelle AGB zu entwickeln, da die gesetzlichen Regelungen höchstwahrscheinlich nicht Ihren persönlichen Bedürfnissen entsprechen. Mit eigenen AGB können Sie z. B. Zahlungsfristen, Lieferung, Mahnfristen etc. nach Ihren Wünschen regeln. Tatsächlich sind die vielen in den vorigen Punkten genannten Pflichten am sinnvollsten in AGB umzusetzen und zu bündeln. Insofern sollten Sie nicht darauf verzichten.

Diese AGB müssen vollständig auf Ihrer Seite deutlich sichtbar eingestellt sein; am besten verlinken Sie die AGB auf jeder Seite und weisen auch im Bestellformular auf ihre Gültigkeit hin. Wichtig ist, dass der Hinweis auf die AGB sofort und deutlich sichtbar ist. Auch muss der Text auf jeder Art von Bildschirm lesbar sein sowie übersichtlich gegliedert und kurz genug, dass die Kenntnisnahme zumutbar ist. Gestalten Sie den Text in Ihrem und im Interesse Ihrer Kunden verständlich und gut lesbar. Missverständliche AGB können dazu führen, dass diese als ungültig erklärt werden, und selbst wenn dies nicht geschieht, werden Missverständnisse ggf. zu langwierigen Auseinandersetzungen führen.

Auf Nummer sicher gehen Sie auf jeden Fall, wenn Sie den Hinweis auf die AGB an den Abschluss der Bestellung setzen und den Kunden die Kenntnisnahme bestätigen lassen, z. B. durch eine Checkbox. Danach kann sich kein Kunde mehr herausreden.

5.4.9 Datenschutz

Spätestens seit dem Inkrafttreten der Datenschutzgrundverordnung (DSGVO) im Mai 2018 hat Datenschutz Konjunktur – zu Recht sorgen sich viele Bürger um ihre Privatsphäre und den Schutz ihrer personenbezogenen Daten. Sie sollten als Anbieter größten Wert darauflegen, mit den Daten Ihrer Kunden sorgfältig und rechtskonform umzugehen. Gerade bei der Weitergabe von Daten im Internet ist es von höchster Wichtigkeit, dem Kunden den datenschutzkonformen Umgang mit den personenbezogenen Daten zu garantieren. Gelingt Ihnen das nicht, werden Ihre Kunden die Konkurrenz vorziehen. Hinzu kommt, dass Gerichte der Rechtsauffassung sind, dass Datenschutzverstöße in Onlineshops auch wettbewerbsrechtlich abgemahnt können. Dieses Risiko können und sollten Sie unbedingt vermeiden.

Sie müssen z. B. nach den Regelungen der Art. 12 ff. DSGVO Ihren Kunden oder Interessenten über bestimmte Dinge (Name des Unternehmens, Adresse usw.) eine Information zukommen lassen. Welche Angaben Sie machen müssen, finden Sie in Art. 12 DSGVO bzw. Art. 13 DSGV. Diese Angaben müssen Sie für jede Verarbeitung personenbezogener Daten (vergl. Art. 4 Nr. 2 DSGVO: erheben, erfassen, speichern, ordnen, auslesen, verwenden, löschen, vernichten usw.) Diese Information muss nach Art. 12 Abs. 1 DSGVO in „präziser, transparenter, verständlicher und leicht zugänglicher Form in einer klaren und einfachen Sprache" erfolgen.

Es reicht also nicht aus, nur eine Datenschutzerklärung für die Webseite bzw. den Online-Shop vorzuhalten. Auch für die weiteren Prozesse (interne und externe), mit denen personenbezogene Daten verarbeitet werden, müssen sie entsprechende Informationen erbringen. Und – da Sie gem. Art. 5 Abs. 2 DSGVO für die Einhaltung des Datenschutzes verantwortlich sind – am besten in schriftlicher Form und mit entsprechender Bestätigung, dass die betroffene Person die Information erhalten hat.

Nach § 13 Telemediengesetz sind Sie zudem als Shop Betreiber verpflichtet, den Nutzer darüber zu informieren, welche Daten von Ihnen auf welche Weise erhoben und gespeichert und genutzt werden. Dasselbe gilt für die Kundendaten, die im Rahmen des

Bestellvorgangs gespeichert werden. Mit der Weitergabe bestimmter Daten muss der Kunde sich sogar ausdrücklich einverstanden erklären, z. B. im Rahmen einer Bonitätsprüfung. Ebenso fallen Daten durch Social Media Plug-ins, Bewertungstools und Tracking Tools wie Google Analytics an, die das Nutzerverhalten analysieren. Auch hier hat der Kunde ein Recht darauf zu erfahren, welche Daten Sie erheben und wie diese genutzt werden.

Sie werden feststellen, dass sich die unterschiedlichen Verpflichtungen zur Information inhaltlich auch überschneiden können. Damit Sie hier keine Fehler machen – durch falsche oder unterbliebene Informationserteilung – sollten Sie sich hier professionelle Hilfe holen. Die Investition in die Rechtssicherheit Ihres Shops rentiert sich schnell – und Sie müssen keine Sorgen vor Abmahnungen, Schadensersatzforderungen und behördlichen Maßnahmen haben.

5.4.10 Wettbewerbsrecht

Ihr unternehmerisches Recht auf Werbung unterliegt gewissen Beschränkungen, die Sie unbedingt beachten müssen. So ist es Ihnen z. B. verboten, Werbung per E-Mail zu versenden. Sie können dies lediglich dann tun, wenn der Kunde bzw. Interessent ausdrücklich und nachweisbar eingewilligt hat. So können Sie Ihren Kunden bzw. Interessenten den Empfang eines regelmäßigen Werbe-Newsletters anbieten. Der Empfänger muss jederzeit die Möglichkeit haben, diese Einwilligung zu widerrufen – üblich ist ein Link in der Mail, der beim Anklicken die Abmeldung vom Newsletter ermöglicht. Wenn sie einen Newsletter-Dienstleister nutzen, wird hierauf i. d. R. automatisiert geachtet.

5.4.11 Urheber- und Markenrechtsschutz

Zu guter Letzt ein Wort zum Thema Urheberrecht. Leider hat sich auch im zweiten Jahrzehnt des 21. Jahrhunderts noch nicht flächendeckend herumgesprochen, dass nicht alles, was im Netz kursiert, Allgemeingut ist und von jedem genutzt werden kann. Grundsätzlich müssen Sie daher davon ausgehen, dass Bilder und Texte, die Sie im Netz finden, urheberrechtlich geschützt sind – es sei denn, das Gegenteil wird explizit festgestellt.

Hüten Sie sich also davor, Bilder und Texte an anderer Stelle zu kopieren und für Ihre Zwecke einzusetzen. Die Urheberrechtsinhaber dürfen dagegen klagen und Sie müssen mit empfindlichen Strafzahlungen rechnen. Auch die Anlehnung an fremde Bilder oder Texte kann schon das Urheberrecht des Rechteinhabers verletzen.

Es gilt also, Texte selbst zu verfassen bzw. von Profis verfassen zu lassen. Dasselbe gilt für die Fotos. Für „schmückende" Bilder für Ihre Seite können Sie ggf. auf Bildagenturen zurückgreifen. Webseiten wie Adobe Photo Stock, Shutterstock oder iStock bieten Millionen Motive zu sehr günstigen Preisen an. Beachten Sie unbedingt, ob die Bilder, die Sie erwerben, auch für die kommerzielle Nutzung freigeben sind, und erwähnen Sie die Urheber in der von der Bildagentur vorgegebenen Weise im Impressum Ihrer Seite. Achten Sie auch darauf, ob sich durch die allgemeinen Geschäftsbedingungen abweichend hiervon ergibt, dass Sie den Hinweis auf den Urheber direkt am Werk, also z. B. am Bild, platzieren müssen.

Ebenso gilt, dass Sie in Ihrem Shop keine Markenrechte anderer verletzen, d. h. keine markenrechtlich geschützten Begriffe oder Bilder verwenden dürfen – es sei denn, Ihnen wird dies ausdrücklich gestattet. Fragen Sie lieber (schriftlich) bei dem Rechteinhaber nach und lassen Sie sich eine Nutzung genehmigen.

5.4.12 Abmahnungen

Es ist zu hoffen, dass Ihnen eine solche niemals ins Haus flattert – wenn Sie sich an sämtliche hier aufgeführten Bestimmungen halten, können Sie einer Abmahnung entspannt begegnen. Abgemahnt werden können Sie von Mitbewerbern, aber auch „qualifizierte Einrichtungen", z. B. Verbraucherschutzverbände. In einer Abmahnung wird der Rechtsverstoß formuliert, hinzu kommt eine Unterlassungsaufforderung inklusive Fristsetzung. Üblicherweise wird von Ihnen verlangt, die entstandenen Anwaltskosten zu begleichen und bei einem weiteren Verstoß eine Vertragsstrafe zahlen (sog. „strafbewehrte Unterlassungserklärung"). Geben Sie diese Unterlassungserklärung nicht ab, so kann der Abmahner seine Ansprüche vor Gericht durchsetzen. Verlieren Sie, tragen Sie die Kosten des Verfahrens.

Im Falle einer Abmahnung sollten Sie sich unbedingt juristische Unterstützung suchen. Die Formulierung der Unterlassungserklärung, die von Ihnen verlangt wird, muss exakt geprüft werden – Sie binden sich mit der Abgabe der Erklärung gegenüber dem Abmahner mindestens 30 Jahre an den Wortlaut, sodass Sie genau klären müssen, wozu Sie sich verpflichten.

Ich arbeite seit längerem mit der Rechtskanzlei Ochsenfeld (https://ochsenfeld.com) zusammen und kann diese uneingeschränkt zu den gerade genannten Themen empfehlen.

Es geht ums Geld – der Zahlungsprozess

6

Zusammenfassung

Beim Geld ist fast jeder Kunde empfindlich – und ängstlich. Umso wichtiger ist es, dass der Bezahlvorgang in Ihrem Onlineshop übersichtlich, transparent, einfach und vertrauenerweckend gestaltet ist. Dieses Kapitel befasst sich mit dem Thema Zahlungsprozess und -methoden und rechtlichen Hintergründen.

Der Kunde will kaufen, es geht ans Bezahlen. Dieser Punkt des Kaufprozesses ist ein Nadelöhr, viele Kunden entschließen sich im letzten Moment für einen Abbruch. Dies müssen Sie mit allen Mitteln verhindern! Sorgen Sie unbedingt dafür, dass der Kunde sich wohlfühlt – geht es ums Geld, ist das oberste Maxime. Wer Angst vor Betrug oder Datendiebstahl hat, entscheidet sich im Zweifelsfall gegen eine Transaktion. Beim Geld sind die Menschen sensibel – dem müssen Sie als Onlinehändler Rechnung tragen. Das Zahlungsverfahren ist einer der Punkte, an dem die höchste Gefahr besteht, dass der Kunde seinen Kaufvorgang abbricht.

Lange Zeit standen die Menschen dem Geldtransfer via Internet skeptisch gegenüber. Diese Skepsis ist inzwischen einer breiten Akzeptanz gewichen – dennoch gibt es nach wie vor Gegner der Zahlung per Computer, besonders in den älteren Bevölkerungsschichten. Doch auch die Befürworter der elektronischen Zahlung haben unterschiedliche Vorlieben – der eine zahlt lieber per Kreditkarte, der andere bevorzugt PayPal oder doch per Rechnung. Dies bedeutet, Sie müssen, um keine Kunden zu verlieren, eine möglichst große Bandbreite von Zahlungsmöglichkeiten anbieten. Wird die gewünschte Zahlungsart nicht angeboten, lassen viele Kunden den vollen Warenkorb stehen und begeben sich virtuell zum Ausgang.

© Springer Fachmedien Wiesbaden GmbH, ein Teil von Springer Nature 2022
Y. Süß, *E-Commerce für kleine und mittelständische Unternehmen*,
https://doi.org/10.1007/978-3-658-38665-8_6

6.1   Die verschiedenen Zahlungsmöglichkeiten

Als Anbieter stehen Ihnen verschiedene Möglichkeiten zur Verfügung, Zahlungen ent-
gegenzunehmen. Sie sollten von diesen möglichst viele nutzen, denn es gibt nicht eine
„richtige" Methode. Es mag verlockend sein, die für Sie als Händler günstigste, risiko-
loseste und am wenigsten aufwendigste Methode auszuwählen. Doch damit schneiden Sie
sich ins eigene Fleisch. Denken Sie nur nicht, „der Kunde wird es schon kaufen, wenn er
es haben will". Richtig, das wird er – aber nicht bei Ihnen, wenn er nicht auf die gewünschte Weise zahlen kann. Vielmehr wird er sich einen anderen Shop suchen, wo er den
Service findet, den er sich wünscht. Studien haben ergeben, dass die Abbruchquote signi-
fikant gesenkt werden kann, wenn mehrere gängige Zahlungsmethoden parallel angeboten
werden. Klären Sie darum unbedingt, welche Zahlungsweisen Ihr Shopsystem unterstützt,
und nutzen sie möglichst viele. Stellen Sie in Ihrem Shop ruhig Ihr Zahlungsangebot prominent heraus – es ist durchaus ein Faktor, der sich auf Kunden, auch auf Zufallskunden,
positiv auswirkt.

6.1.1   Zahlung auf Rechnung

Der Klassiker: Der Kunde erhält mit der Ware eine Rechnung mit den Bankdaten und
überweist selbsttätig den fälligen Betrag, online oder auf „traditionelle Weise" – sehr an-
genehm für Feinde der elektronischen Zahlung und deswegen besonders bei den Kunden
über 55 Jahre die gefragteste Zahlungsweise, die oft ein gesundes Misstrauen verspürt,
sensible Daten über das Internet zu übertragen. Obendrein ist es offenbar ein Urbedürfnis
des Menschen, erst zu sehen, was er bekommt, bevor er etwas dafür gibt. Ein weiterer Vorteil: Der Kunde muss im Fall einer Retoure nicht lange auf Rückzahlungen warten, denn
er bezahlt nur, was er auch behält. Im Zusammenhang mit Retouren liegt auch der Vorteil
für den Händler auf der Hand: Es muss keine Rücküberweisung erfolgen, da der Kunde ja
Ware, die er nicht behält, gar nicht erst bezahlt. Dies verkürzt das Retourenmanagement
um eine Maßnahme.

Für Sie als Händler birgt das Verfahren jedoch auch einen gravierenden Nachteil: Sie
tragen das Risiko von Zahlungsausfällen. Zwar ist der Großteil unserer Mitmenschen ehrlich, doch eine Garantie, dass nicht ein Kunde die Ware behält, ohne zu bezahlen, kann
niemand geben. Gerade bei kleineren Beträgen lohnt es oft nicht, solche Betrüger zu verfolgen – ärgerlich ist es jedoch allemal, geschäftsschädigend sowieso. Ebenso ärgerlich und
aufwendig ist eine schlechte Zahlungsmoral der Kunden – wochenlang hinter dem Geld für
bereits versandte Ware „herrennen" zu müssen schlägt auf die Laune und die Liquidität.

Kurz gesagt: Die Zahlung auf Rechnung ist nicht gerade eine Idealmethode. Tatsache
ist aber auch, dass sie gleichzeitig immer noch die beliebteste Zahlungsmethode ist: 58 %[1]

[1] http://t3n.de/magazin/ratgeber-rechnungskauf-onlineshops-vertrauen-kontrolle-232024/
22.06.2016.

der Onlinekäufer nutzen sie. Zu einem gewissen Grad verständlich – denn Zahlung auf Rechnung verlangt keine Preisgabe sensibler Daten im Netz, der Kunde hat das Gefühl von Kontrolle, das er speziell im Zusammenhang mit Geld dringend braucht. Überdies muss der Kunde dem Händler keinen Vertrauensvorschuss geben: Er zahlt erst nach Erhalt. Beides ist offensichtlich beliebt: Die Kaufabbruchquote senkt sich nachweislich um fast 80 %,[2] wenn Zahlung auf Rechnung angeboten wird – ein schlagendes Argument. Richtet sich Ihr Shop an ältere, konservative Kunden, ist das Angebot einer Zahlung auf Rechnung quasi unverzichtbar, da sich diese Klientel mit Online-Zahlmethoden tendenziell schwertut.

Daher sollten Sie sich genau überlegen, ob Sie auf dieses Verfahren, das hohe Conversion Rates verspricht, verzichten wollen. Entschließen Sie sich dafür, empfiehlt es sich, dies auch offensiv zu bewerben, denn die Statistik beweist: Für Kunden ist dies ein deutlicher Pluspunkt. Umfragen haben ergeben, dass aktive Werbung mit diesem Argument zu Umsatzsteigerungen führt.

6.1.1.1 Rechnungszahlung in Eigenregie

In der Abwicklung ist die Rechnungszahlung für Sie als Händler relativ aufwendig, da die Zahlungseingänge akribisch überwacht werden müssen; es müssen Zahlungsziele im Auge behalten und Zahlungserinnerungen und Mahnungen verschickt werden, gegebenenfalls muss ein Inkassoverfahren in Gang gesetzt werden. Ein gutes Buchhaltungssystem ist dringend zu empfehlen.

Wickeln Sie den Rechnungskauf selbst ab, so gehört ein Risikomanagement zu Ihren Aufgaben. Eine Bonitätsprüfung, z. B. über Infoscore (infoscore-inkasso.de) oder die Schufa (schufa.de), sollten Sie direkt in Ihren Check-out integrieren (als Modul in fast allen Shopsystemen erhältlich) und alle Daten, die Sie ggf. für ein Inkassoverfahren brauchen, müssen bei der Bestellung aufgenommen werden; zudem brauchen Sie ein Mahnsystem. Natürlich versteht sich, dass eine Bonitätsprüfung keine Garantie darstellt, dass der Kunde sich auch bei diesem Kauf ehrlich verhält. Dennoch minimiert eine solche Überprüfung das Risiko erheblich – bereits aktenkundig gewordene Betrüger können so herausgefiltert werden. Die Bonitätsprüfung kann automatisiert erfolgen.

Kommt es tatsächlich zu einem Inkassoverfahren, gibt es Dienstleister, die das Inkasso übernehmen oder Forderungen aufkaufen – eine gewisse Absicherung für Händler gegen Betrug. Einige Anbieter sichern die Forderungen sogar garantiert ab.

Outsourcing

Ist Ihnen der Aufwand zu groß, können Sie einen Dienstleister nutzen, der Ihnen nicht nur die Arbeit, wie Bonitätsprüfung, Mahnwesen und Kundenbetreuung, sondern auch das Risiko abnimmt. Üblicherweise verlangt das Unternehmen einen prozentualen Anteil jeder Transaktion, die Höhe wird individuell festgelegt – sie berechnet sich nach dem geschätzten Ausfallrisiko, welches wiederum anhand von Sortiment und Zielgruppe bestimmt wird.

---

[2] http://t3n.de/news/rechnungskauf-eigenregie-589346/ 22.06.2016.

Die Zusammenarbeit mit einem Dienstleister bietet viele Vorteile. Allerdings müssen Sie auch damit rechnen, dass der Serviceanbieter Kunden ablehnt – dies kann er ohne Rücksprache mit Ihnen tun, und sein Interesse ist natürlich eine Risikominimierung. So verprellt der Dienstleister eventuell Kunden aufgrund von Kriterien, die naturgemäß nicht jedem Einzelfall gerecht werden. Auch das Debitorenmanagement, das bei dieser Art von Arrangement ebenfalls in den Händen des Serviceanbieters liegt, kann zu Irritationen führen: Wo der Händler, der einen Kunden nicht verlieren möchte, eine höfliche Zahlungserinnerung schreiben würde, treibt der Dienstleister, den der Kunde nicht weiter interessiert, womöglich wenig höflich das Geld ein und verärgert den Käufer.

Ein gewisser Kontrollverlust gehört also mit dazu, wenn Sie das Zahlungsmanagement auslagern. Kritisch ist das Outsourcing auch, wenn Ihr Shop sehr häufig Retouren erhält – hier ist akribische Zusammenarbeit mit dem Dienstleister gefragt, damit dem Kunden nicht Mahnungen für Waren gestellt werden, die er gar nicht behalten hat – verärgerte Kunden und großer Aufwand wäre die Folge. Diverse Zahlungsdienstleister berechnen für Retouren wegen des damit verbundenen Aufwandes Gebühren – die Retoure kostet also gleich zweimal!

Wählen Sie, wenn Sie sich für Outsourcing entscheiden, Ihren Anbieter sorgfältig und prüfen Sie die AGB und Konditionen. Es kann die Sache wert sein, denn Ihnen wird eine aufwendige Teilaufgabe abgenommen, wodurch Sie sich auf Ihr eigentliches Geschäft, nämlich Ihren Shop, konzentrieren können. Ob sich dies für Sie lohnt, hängt maßgeblich von der Größe Ihres Shops und Ihres Teams ab.

Entscheiden Sie sich für die Zusammenarbeit mit einem Dienstleister, ist es wichtig, dass Sie im Shop klar kommunizieren, dass Sie mit einem Serviceunternehmen arbeiten und mit welchem – ansonsten sind Irritationen und Rückfragen seitens des Kunden vorprogrammiert, der den unbekannten Namen auf der Rechnung bzw. in den Überweisungsdaten nicht zuordnen kann. Trotzdem müssen Sie damit rechnen, dass Kunden das Vertrauen verlieren, wenn sie an einen externen Dienstleister „weitergereicht" werden, und den Kauf irritiert abbrechen.

Deswegen sollten Sie sich in der Regel einen Anbieter suchen, der Ihnen die Zahlung auf Rechnung ermöglicht, gleichzeitig aber auch das Risiko übernimmt. Es ist nicht die günstigste Lösung und wir zu Ihren teuersten Zahlungsmethoden gehören, aber es wird gerne genutzt und erhöht das Transaktionsvolumen. Folgende Anbieter könnten dafür in Frage kommen: Klarna (klarna.com), Adyen (adyen.com) oder Unzer (unzer.de).

6.1.2 Zahlung per Vorkasse und Nachnahme

Hierbei handelt es sich um zwei relativ unbeliebte Zahlungsverfahren. Die Zahlung per Vorkasse ist die „risikominimierte" Variante der Zahlung per Rechnung: Die Rechnung geht dem Kunden vor Warenversand zu, verschickt wird erst nach Zahlungseingang. Für den Händler ist diese Methode sicher und günstig, denn außer Kontoführungsgebühr entstehen kaum Kosten. Die Methode birgt aber gleich mehrere Probleme: Die Lieferzeit verlängert sich um die Zeit, welche für die Überweisung und Aufnahme des Zahlungseingangs benötigt wird – daraus kann schnell eine Woche werden. Schnelle Bestellungen sind mit dieser Zahlungsart nicht möglich – und ein schneller Versand ist für viele Kunden eines der wichtigsten Kriterien. Überdies scheuen sich manche Kunden, per Überweisung zu bezahlen, bevor sie die Ware erhalten haben, besonders wenn es sich um Neukunden handelt. Stammkunden, die bereits gute Erfahrungen gemacht haben, sind eher zur Vorkasse bereit. So oder so, Vorkasse ist ein Auftragskiller. Tatsächlich brechen 79 %[3] aller Kunden einen Kauf ab, wenn die Zahlung per Vorkasse die einzige Zahlungsmöglichkeit ist. Fazit: Kann man der Vollständigkeit halber anbieten, hat aber keine Priorität.

Bei der Nachnahme wird die fällige Summe direkt bei der Lieferung an den Zusteller bezahlt. Dieser gibt das Geld nach Abzug einer Gebühr, an den Händler weiter. Die Gebühren sind vergleichsweise hoch, dafür ist die Zahlungsmethode risikolos. Die Nachnahme ist heute relativ unüblich geworden und wird selten nachgefragt – wenn, dann tendenziell bei hochpreisigen Bestellungen, bei denen der Käufer sichergehen will, dass die Ware auch ankommt. Die Nachnahme ist in den meisten Shopsystemen einfach integrierbar und auch simpel abzuwickeln, insofern können Sie sie der Vollständigkeit halber aufnehmen. Hohe Priorität hat sie jedoch keine.

6.1.3   Zahlung per Lastschriftverfahren und Direktüberweisung

In diesem Fall tätigt der Kunde seine Überweisung nicht selbst, sondern gibt seine Bankdaten in ein Formular ein (die meisten Shopsysteme bieten ein entsprechendes Modul an). Mit der Bestätigung erteilt er dem Shop eine Einzugsermächtigung. Dieser kann den Betrag dann bei der Bank einfordern. Diese Methode ist recht unkompliziert und auch vergleichsweise risikolos. Ärger gibt es bei nicht gedeckten Konten oder falschen Angaben, denn dann wird die sogenannte Rücklastschriftgebühr fällig (die dem Kunden allerdings in Rechnung gestellt werden darf). Lästig und zeitaufwendig sind solche Fälle allemal, denn ggf. muss eine Mahnung verschickt oder gar ein Inkassoverfahren eingeleitet werden, falls die Ware bereits verschickt wurde.

Einfacher ist da die Direkt- oder Sofortüberweisung, ein relativ junges Online-Überweisungsverfahren, bei dem der Kunde sich nicht in sein Konto im Online-Banking einloggen muss, sondern direkt über einen Anbieter wie Giropay oder Sofort-Überweisung seine Überweisung tätigt. Auch diese Zahlungsweise ist als Modul in die meisten Systeme integrierbar. Der Zahlungsanbieter meldet sofort „Vollzug" an den Händler und die Lieferung kann erfolgen – so wird Zeit gespart, denn bei der „klassischen" Überweisung dauert es mindestens einen Werktag, bis der Händler die Information erhält, dass das Geld angekommen ist. Zahlreiche Zahlungsanbieter bieten die Integration von Giropay

---

[3] http://www.shopbetreiber-blog.de/2009/01/07/welche-zahlungsverfahren-bevorzugen-online-kunden/ 22.06.2016.

(https://giropay.de) direkt an. Eine Alternative ist Sofortüberweisung, der Anbieter würde übernommen von Klarna und heißt jetzt nur noch „sofort" (https://klarna.com/sofort/) zu erreichen.

6.1.4   Zahlung per Kreditkarte

Die Kreditkarte ist ein recht beliebtes Zahlungsmittel. Der Kunde gibt seine Kreditkartennummer, das Ablaufdatum und eine Prüfziffer in eine Online-Maske ein, das Geld wird von seiner Kreditkarte abgebucht. Die Kreditkarte ist als Zahlungsmethode universell anerkannt und gehört zum Zahlungsangebot eines Shops fast zwingend dazu – besonders falls Sie international tätig sind, denn die Karten der großen Anbieter wie Visa und Master Card sind fast weltweit gültig.

Um die Zahlung per Kreditkarte anzubieten, müssen Sie mit einem Zahlungsanbieter zusammenarbeiten. Dabei fallen meistens eine monatliche Gebühr sowie eine Transaktionsgebühr bei jeder einzelnen Buchung an. Die meisten Shopsysteme bieten die Zahlung per Kreditkarte als Modul an. Gute Erfahrungen habe ich mit Stripe (https://stripe.com), Adyen (https://adyen.com) oder Unzer (https://unzer.de) gemacht.

6.1.5   Zahlung mit PayPal

Dieser Online-Zahlungsanbieter hat sich zu einer der Beliebtesten Zahlungsmethoden etabliert. Der Kunde erstellt einmalig ein Kundenkonto bei PayPal und hinterlegt seine Konto- bzw. Kreditkartendaten. Wählt er im Shop PayPal als Zahlungsmethode, so wird das Geld im Anschluss an einen schnellen und einfachen Bestätigungsvorgang automatisch abgebucht und an den Empfänger weitergereicht. Für den Käufer ist die Bezahlmethode kostenfrei, der Händler zahlt in den meisten Fällen 1,9 % von der Transaktionssumme plus 0,35 Euro, bei hohen Verkäufen sogar weniger.

Für Shops mit niedrigpreisigem Angebot ist PayPal daher vergleichsweise kostspielig – die hohe Kundenakzeptanz ist jedoch ein Faktor, den man nicht übersehen darf. Die Zahlung über PayPal ist außerordentlich schnell und praktisch – für beide Seiten – und besonders bei jungen Kunden beliebt. Überdies bietet das Unternehmen sowohl einen Käuferschutz als auch einen Verkäuferschutz – was sehr zur Akzeptanz beiträgt. Wollen Sie keine Kreditkartenzahlung anbieten, ist PayPal fast ein Muss, denn so kann der Kunde trotzdem per Kreditkarte bezahlen, wenn er diese bei PayPal als Zahlungsmittel hinterlegt hat. Die meisten Shopsysteme bieten Module für die Zahlung mit PayPal an – die Zahlungsmethode ist also üblicherweise leicht integrierbar.

6.1.6   Was kostet es?

Kundenzufriedenheit ist das eine – die Kosten müssen jedoch bei den verschiedenen
Zahlungsmöglichkeiten im Blick behalten werden. Jede Transaktion kostet Geld, daran
kommt kein Onlinehändler vorbei. Die folgende Tabelle mit Kostenaufschlüsselung basiert auf einer Erhebung aus dem Jahr 2014 von ibi Research.[4] Erhoben wurden Daten von
407 Onlinehändlern, auf dieser Basis wurde ein „Durchschnittshändler" definiert mit
knapp 3000 Bestellungen pro Monat mit einem durchschnittlichen Wert von ca. 100 Euro
und einer Retourenquote von 7 %. Sowohl interne als auch externe Risikoprüfungen sowie
Mahn- und Inkassoverfahren werden durchgeführt. Das Ergebnis:

- Sofort-Überweisung 1,87 %
- Vorkasse per Überweisung 3,52 %
- Lastschrift (abgesichert über einen Dienstleister) 3,52 %
- Lastschrift 4,38 %
- Kreditkarte 4,42 %
- PayPal 4,85 %
- Nachnahme 5,08 %
- Kauf auf Rechnung (abgesichert über einen Dienstleister) 5,19 %
- Kauf auf Rechnung 8,31 %

---

[4] http://www.ibi.de/files/ibi_research_Gesamtkosten_von_Zahlungsverfahren.pdf 22.06.2016.

Versandabwicklung

7

Zusammenfassung

Der Kunde hat gekauft, der Auftrag liegt quasi im „Postkasten". Damit ist aber noch nicht das „rettende Ufer" erreicht, denn verkauft ist noch nicht verschickt. Eine darauffolgende reibungslose Abwicklung des Warenversands gehört unbedingt zu einem guten Service dazu. Nur ein Kunde, der seine Ware schnell, zuverlässig und in gutem Zustand erhält, kommt wieder bzw. empfiehlt den Shop weiter. In diesem Kapitel werden alle wichtigen Fragen rund um das Versandmanagement beantwortet.

Ein problemlos verlaufender Versand ist die letzte Hürde, die auf dem Weg zu einem perfekten Kundenerlebnis genommen werden muss. Eine leidige Sache für den Verkäufer – der Versand ist zeit- und kostenaufwendig. Gleichzeitig erwartet der Kunde einen kostengünstigen – wenn nicht gar kostenfreien – und vor allem schnellen Versand. Kunden sind in Deutschland laut einer Studie des Paketdienstleisters UPS aus dem Jahr 2013[1] nicht gewillt, länger als 2–3 Tage auf eine Lieferung zu warten. Auch hohe und intransparente Kosten werden nicht akzeptiert. 48 % aller Befragten, die angaben, schon einmal einen Kauf abgebrochen zu haben, taten dies wegen unerwartet hoher Lieferkosten (ein schlagendes Argument für die Praxis, den Kunden von Anfang des Bestellprozesses an klar und übersichtlich über sämtliche anfallende Kosten zu informieren). Eine Zusammenfassung verschiedener Umfragen ergab, dass 38 % aller Befragten die Versandkosten bei Onlinekäufen als zu hoch empfanden. Auch erwarten Kunden eine stetige Information über den Stand ihrer Bestellung: 94 % der Befragten der UPS-Studie wünschen sich die Möglichkeit der Sendungsnachverfolgung, 69 % eine Benachrichtigung über den Status ihrer Sendung per E-Mail. Auch die Lieferung gibt immer wieder Grund zur Beanstandung:

---

[1] https://www.ups.com/media/de/UPS_Pulse_of_the_Online_Shopper.pdf 15.07.2022.

© Springer Fachmedien Wiesbaden GmbH, ein Teil von Springer Nature 2022

Y. Süß, *E-Commerce für kleine und mittelständische Unternehmen*,

https://doi.org/10.1007/978-3-658-38665-8_7

44 % aller Kunden wünschen sich die Möglichkeit, Liefertermine flexibel abstimmen zu können – eine Forderung, der kaum jemand nicht beipflichten würde, denn welcher Berufstätige ist noch nie hinter einem Paket hergejagt, das nicht zugestellt werden konnte und nun in einem Shop, einer Filiale oder bei einem unauffindbaren Nachbarn ausfindig gemacht werden muss. Zudem gibt jeder zweite Kunde an, dass das Retourenmanagement bei Onlinekäufen zu wünschen übriglässt, 72 % würden häufiger online bestellen, wäre die Rückgabe von Artikeln einfacher und unkomplizierter.

Eine Menge Wünsche und Forderungen – einerseits. Doch andererseits: Hier bieten sich für Sie als Onlinehändler jede Menge Möglichkeiten zu punkten! Wer sich an dieser Stelle mit reibungslosen Abläufen hervortut, tut eine Menge für seinen Ruf. Optimieren Sie Ihre Versandprozesse, und Sie haben zufriedene Kunden!

7.1   Vor dem Versand

Noch bevor es an die Kommissionierung und den Versand geht, können Sie einiges tun, um die Reklamations- und Retourenquote niedrig zu halten. Die simpelste Maßnahme: Information! Idealerweise zeigt Ihr Shopsystem dem Kunden die Verfügbarkeit eines Artikels sowie die Lieferfrist automatisch an – Beschwerden aufgrund der Lieferzeiten können so minimiert werden. Dasselbe gilt für die Versandkosten, diese müssen früh und deutlich ausgewiesen werden.

Eine weitere simple, aber wirkungsvolle Maßnahme ist eine Bestätigungsmail, die jeder Kunde automatisch nach Abschluss des Kaufvorgangs erhalten sollte. Hierin sollten die gekauften Produkte mit Anzahl und genauer Kostenaufschlüsselung enthalten sein, ebenso die erfasste Versandadresse und die Zahlungsmethode (jedoch keine sensiblen Daten wie Kreditkartendaten oder Passwörter des Kunden!) (siehe Abb. 7.1). Der Kunde hat so die Möglichkeit, seine Bestellung zu überprüfen, versehentliche Doppelbestellungen, falsche Größen- oder Farbangaben etc. fallen hier hoffentlich auf. Der Kunde hat die Chance, auf falsche Eingaben zu reagieren, bevor die Artikel tatsächlich auf die Reise gehen – Ärger und Kosten werden so auf ein Minimum reduziert.

7.2   Die Wahl des richtigen Dienstleisters

Üblicherweise wird die Lieferung der Ware an einen Versanddienstleister übergeben – nur wenige Onlineshop Betreiber erreichen ein Liefervolumen, das einen eigenen Versanddienst ermöglicht. Gegebenenfalls kommen auch Kuriere oder Boten infrage; diese befördern meist vom Absender bis zum Empfänger aus einer Hand, im Gegensatz zu den Paketversendern, wo die Prozesse hochstandardisiert ablaufen; sie sind deshalb üblicherweise teurer als die regulären Paketdienstleister. Versenden Sie sehr sperrige Ware,

Abb. 7.1   Bestellbestätigung

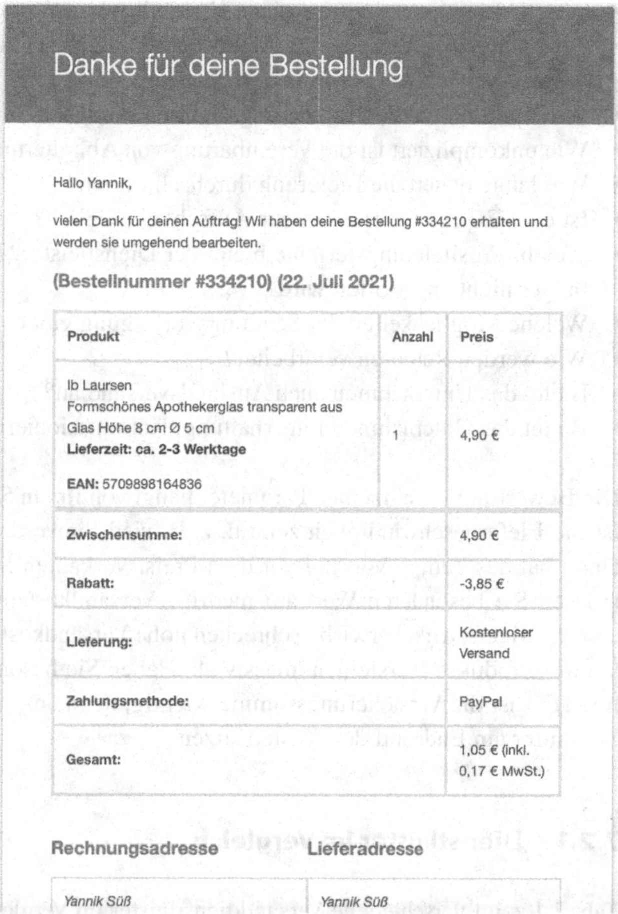

Danke für deine Bestellung

Hallo Yannik,

vielen Dank für deinen Auftrag! Wir haben deine Bestellung #334210 erhalten und werden sie umgehend bearbeiten.

(Bestellnummer #334210) (22. Juli 2021)

Produkt	Anzahl	Preis
Ib Laursen Formschönes Apothekerglas transparent aus Glas Höhe 8 cm Ø 5 cm **Lieferzeit: ca. 2-3 Werktage** EAN: 5709898164836	1	4,90 €
Zwischensumme:		4,90 €
Rabatt:		-3,85 €
Lieferung:		Kostenloser Versand
Zahlungsmethode:		PayPal
Gesamt:		1,05 € (inkl. 0,17 € MwSt.)

Rechnungsadresse   **Lieferadresse**

Yannik Süß   Yannik Süß

z. B. Möbel, Surfbretter oder ähnlich voluminöse Artikel, kommt auch die Zusammenarbeit mit einer Spedition oder einem Logistikdienstleister infrage.

Es gibt eine Vielzahl von Paketdienstleistern, die einen Versandservice inklusive Abholung beim Versender anbieten. Einen davon pauschal zu empfehlen, greift zu kurz – vielmehr müssen Sie die angebotenen Dienstleistungen sorgfältig mit Ihren Bedürfnissen abgleichen. Wichtige Fragen sind:

- Welche Vertragslaufzeiten bietet der Dienstleister an?
- Wie und in welchen Zeitabständen wird abgerechnet?
- Bietet Ihr Shopsystem Schnittstellen zu diesem Dienstleister an?
- Welche Mindestversandmengen werden gefordert?
- Welche Verpackungsarten werden akzeptiert (z. B. nehmen nicht alle Dienstleister Tüten an)?
- Gibt es ein Höchstgewicht oder eine Maximalgröße für Pakete?

- Welche Preise werden für welche Versandformen veranschlagt?
- Gibt es flexible Anteile, z. B. Maut- oder Dieselzuschlag?
- Welche Versicherungssummen werden angeboten?
- Wie funktioniert die Frankierung, die Erstellung der Versandetiketten etc.?
- Wie unkompliziert ist die Vereinbarung von Abholterminen?
- Wie lange dauert die Lieferung durchschnittlich?
- Ist eine Expresslieferung gegen Aufschlag möglich?
- Welche Auslieferungstermine bietet der Dienstleister? Was geschieht, wenn der Empfänger nicht angetroffen wird?
- Welche Möglichkeiten der Sendungsverfolgung gibt es?
- Wie werden Retouren verarbeitet?
- Bietet das Unternehmen auch Auslandsversand an?
- Bietet das Unternehmen Lagerhaltung, Kommissionierung und Verpackung an?

Die Bewertung der einzelnen Parameter hängt von Ihrem Shop und Ihren Bedürfnissen ab. Ist die Liefergeschwindigkeit zentral, z. B. weil Sie verderbliche Lebensmittel anbieten? Dann hat das Tempo Vorrang vor dem Preis. Verkaufen Sie sehr günstige Artikel? Dann müssen Sie besonderen Wert auf niedrige Versandkosten legen, denn einen Käufer, der einen billigen Artikel erwirbt, schrecken hohe Versandkosten, die eventuell sogar die Kosten des Produkts übersteigen, massiv ab. Haben Sie besonders teure Produkte im Portfolio? Hier ist die Versicherungssumme wichtig, denn ansonsten bleiben Sie bei Verlust als Verkäufer am Ende auf den Kosten sitzen.

7.2.1 Dienstleister im Vergleich

Tab. 7.1 zeigt verschiedene Versanddienstleister im Vergleich.

Sämtliche hier aufgeführte Zustelldienste bieten Onlinebeauftragung, holen die Pakete beim Versender ab und liefern auch an Filialen, Paketshops und Packstationen. Die genannten Daten aus der Tabelle ändern sich sehr regelmäßig, deshalb sollten Sie Gespräche mit mehreren Versanddienstleistern führen.

Es kann sich auch durchaus lohnen, Verträge mit mehreren Versandunternehmen zu schließen – 43 %[2] der Onlinehändler machen das. So bietet der eine Dienstleister bessere Konditionen für Pakete mit großem Volumen und hohem Gewicht, der andere ist günstiger bei kleinen „Leichtgewichten". Vielleicht liefert Ihr bevorzugtes Unternehmen nicht ins Ausland, weswegen Sie für Auslandskunden einen anderen Versender in Anspruch nehmen – oder die Versicherungssumme Ihres Standardversenders reicht bei einigen Ihrer teureren Produkte nicht aus. Flexibilität kann hier bares Geld wert sein!

---

[2] http://t3n.de/magazin/e-commerce-logistik-zuverlassiger-versand-erfolgsfaktor-229582/ 22.06.2016.

Tab. 7.1 Versanddienstleister im Vergleich

	DHL www.dhl.de	DPD www.dpd.de	GLS https://gls-group. eu/	Hermes https://www.hermesworld. com/de/	UPS https://www.ups. com/de
Mindest-menge	200 Pakete/Jahr	500 Pakete/Jahr	keine	300 Pakete/Jahr, bei weniger als 4 Paketen pro Abholung Aufschlag	Einzelversand möglich, UPS-WorldShip-Software ab 10 Paketen/Tag
Annahme-stellen	32.000	7500	6500	16.000	2000
Maximales Paket-gewicht	31,5 kg	31,5 kg	40 kg	31,5 kg	70 kg
Preisniveau	mengenabhängig von mittelpreisig bis günstig	u. a. abhängig von der Empfängerstruktur, B2B günstiger als Privatadressen	mittelpreisig; Maut- und Dieselzuschlag	Tiefstpreise;abgerechnet wird nach Größe, nicht nach Gewicht	eher hochpreisig
Verpackungen	bietet Verpackungen an; Kundenverpackungen können zertifiziert werden	bietet Verpackungen an	bietet Verpackungen an	bietet Verpackungen an	keine Verpackungen im Angebot
Versicherung (Aufpreis)	Haftung bis 500 Euro (25.000 Euro)	Haftung bis 520 Euro (13.000 Euro)	Haftung bis 750 Euro	Haftung bis 500 Euro	abhängig von Paket und Standort

7.2.2   Versand ins Ausland

Sie haben Auslandskunden? In den meisten Fällen ist das, zumindest innerhalb von Europa, kein Problem, vorausgesetzt, Sie nutzen einen Paketdienst, der auch eine Lieferung über die deutschen Grenzen hinaus erlaubt. Einige Punkte sollten Sie jedoch im Blick behalten:

- Ist der Vertrieb Ihrer Ware in das Empfängerland erlaubt (so unterliegt z. B. der Verkauf von Alkohol und Zigaretten strengen Bestimmungen)?
- Welche Begleitpapiere muss die Auslandssendung enthalten? Gibt es Auflagen, die erfüllt werden müssen?
- Muss die Ware verzollt werden?
- Welche zusätzlichen Kosten fallen an?

Ihr Shopsystem sollte die Möglichkeit eines Auslandsversands (oder eben auch die Tatsache, dass ein solcher nicht möglich ist) sowie die Versandkosten explizit ausweisen – nur so ersparen Sie sich unerquickliche Streitereien mit Kunden. Auch die Lieferzeiten müssen entsprechend angepasst werden. Versenden Sie viel ins Ausland, bietet sich eine Versandkosten- und Lieferzeittabelle an.

Es empfiehlt sich, Auslandssendungen prinzipiell zu versichern, denn die Zuverlässigkeit ausländischer Paketdienste variiert stark, und verlorene Sendungen sind in diversen Ländern keine Seltenheit.

7.3   Die Kommissionierung – reibungslose Abwicklung ist Pflicht

Bevor das Paket auf die Reise geht, ist eine Vielzahl von Arbeitsschritten notwendig. Hier ist es unabdingbar, dass folgende Fragen geklärt und die Aufgaben entsprechend verteilt sind:

- Wo werden die Artikel gelagert?
- Durch wen und wie erfolgt die Kommissionierung (Zusammenstellung der Artikel)?
- Wer verpackt die Bestellungen?
- Woher stammt das Verpackungsmaterial? Suchen Sie sich unbedingt einen günstigen Anbieter, der Material in größeren Mengen liefert, anstatt jeden Umschlag einzeln zu kaufen. eBay ist eine Fundgrube für preiswertes Verpackungsmaterial.
- Wie wird frankiert und adressiert und durch wen? Die meisten Shopsysteme bieten eine Schnittstelle zu einem oder mehreren Versandunternehmen an; dort kann man die Kundendaten anlegen und direkt ein Versandlabel drucken. Kassiert wird meist direkt pro eingegebenem Auftrag.
- Wo erfolgt die Abholung und wer übergibt an den Dienstleister?

Bei kleinen Shops erledigt häufig der Onlineshop Betreiber all diese Aufgaben selbst – wächst jedoch der Umsatz und die Zahl der Aufträge, kann das Versandmanagement jedoch schnell die Möglichkeiten einer einzelnen Person übersteigen. Ggf. müssen die Lagerung und auch die Kommissionierung outgesourct werden. Sogenannte Fulfillment-Dienstleister lagern die Ware und versenden diese direkt an den Kunden. Natürlich etwas teurer – doch mit wachsendem Auftragsvolumen ist es oft nicht möglich, alles zu bewältigen. Eine andere Lösung kann es sei, eine Person für diese Aufgaben anzustellen. Ein solcher Angestellter muss nicht zwingend eine teure Investition sein – vielmehr kann ein geringfügiges Beschäftigungsverhältnis oder eine stundenweise Beschäftigung ins Auge gefasst werden. Wichtig ist, dass Bestellungen jederzeit zeitnah bearbeitet werden – jede Verzögerung bedeutet ärgerliche Kunden.

Mit hoher Wahrscheinlichkeit erzeugt Ihr Shopsystem automatisch eine Packliste für Sie, die alle wichtigen Daten enthält; auch der Paketaufkleber muss gedruckt werden. Viele Shopsysteme bieten Schnittstellen zu den gängigen Versanddienstleistern an, so dass die Adressen direkt an den Dienstleister gegeben werden können, oder es kann direkt durch den Betreiber das Adresslabel ausgedruckt werden.

Die Sendung muss daraufhin zusammengestellt werden. Erleichtert wird dieser Arbeitsschritt durch ein übersichtlich gestaltetes Lager, in dem möglichst populäre Artikel schnell zugänglich sind, z. B. vorne stehen. Sollte ein bestelltes Produkt nicht lieferbar sein, muss der Kunde zeitnah informiert werden, inklusive Hinweis, bis wann der Artikel erwartet werden darf. Eine gut organisierte Warenwirtschaft warnt sowohl den Kunden als auch den Händler bereits im Voraus – spätestens im Warenkorb, besser noch auf der Artikelseite, sollte der Kunde eine verlässliche Auskunft über die Lieferzeit erhalten. Fehler müssen auf ein Minimum reduziert werden – Lieferverzögerungen sind ein sehr schlechtes Aushängeschild!

Legen Sie unbedingt Wert auf eine hochwertige und ausreichende Verpackung, besonders bei empfindlichen Artikeln. Beachten Sie hierbei unbedingt die Vorgaben Ihres Paketdienstleisters – und nutzen Sie gegebenenfalls das durch ihn angebotene Verpackungsmaterial. Reklamationen wegen beschädigter Artikel (immerhin der zweithäufigste Grund für Rücksendungen!) sind ein Ärgernis, das man sich selbst und seinen Kunden ersparen sollte. Bedenken Sie überdies, dass auch die Verpackung eine Art Visitenkarte ist – ein schlampig „zusammengeklopptes" Paket wirkt unprofessionell!

Jeder Versand kann übrigens auch als Werbefläche genutzt werden: Legen Sie Ihrem Paket Werbeprospekte für weitere Produkte bei – auch Produktproben bieten sich an, oder kleine Geschenke, wie Süßigkeiten. Kundenbindung ist auf vielerlei Wegen möglich – nutzen Sie so viele Sie können.

Vereinbaren Sie regelmäßige Abholungstermine mit Ihrem Dienstleister – idealerweise täglich, sofern der Traffic in Ihrem Shop dies zulässt. Kurze Lieferzeiten sind Trumpf – Ihre Pakete dürfen keinesfalls tagelang herumstehen und auf Abholung warten.

7.4   Retourenmanagement

Retouren sind ohne Zweifel lästig – sie kosten Zeit, Geld und Nerven, doch sie gehören mit zum Geschäft. Tatsächlich sind sie einer der Faktoren, die Onlineshopping überhaupt zu einem ernstzunehmenden Faktor werden ließen – denn nur die Möglichkeit, z. B. ein Kleidungsstück in mehreren Größen oder Farben zu bestellen und die nicht passenden Ausführungen zurückzusenden, lässt Kunden überhaupt zur Onlinebestellung greifen.

Als Onlineshop Betreiber sind Sie gesetzlich zur Rücknahme von Artikeln innerhalb einer bestimmten Frist verpflichtet. Dies ist in den §§ 312b ff. sowie § 355 BGB geregelt. Dem Kunden steht auf der Grundlage dieser Gesetze ein Widerrufsrecht innerhalb von 14 Tagen zu; bei Onlinekäufen gilt diese Frist ab Erhalt der Ware. Der Widerruf hat im Allgemeinen schriftlich oder durch schlichte Rücksendung der Ware zu erfolgen. Im Allgemeinen erwarten Onlinekunden heutzutage, dass die Rücksendung kostenlos erfolgen kann. Dieser Kostenpunkt muss vonseiten des Händlers einkalkuliert werden. Wie hoch die Retourenquote ist, hängt vom Sortiment des Shops ab – kleinere Artikel für unter 20 Euro werden selten zurückgeschickt, Kleidung hingegen hat aus naheliegenden Gründen eine immens hohe Retourenquote.

Die Abwicklung von Rücksendungen ist, wie bereits dargelegt wurde, einer der häufigsten Zankäpfel zwischen Kunden und Onlineshop – auf einen reibungslosen Ablauf sollte darum größter Wert gelegt werden. Hat der Kunde das Gefühl, die Rücksendung sei lästig oder kompliziert, oder muss er einer Rücküberweisung o. ä. „hinterherrennen", wird seine Bereitschaft, noch einmal im selben Shop zu kaufen, massiv sinken. Daher gilt:

- Der Retourenprozess sollte klar verständlich sein. Diese Informationen müssen sowohl auf der Shop Seite einfach zu finden wie auch dem Paket beigelegt sein. Der Kunde sollte keinesfalls „hinterhertelefonieren" müssen, um zu erfahren, wie er seine Retoure zurück zum Händler bringt.
- Es könnte ein Retourenschein zu jedem Paket beigelegt werden.
- Die Möglichkeiten, ein Paket zurückzugeben, müssen vielfältig sein – idealerweise ist die Rückgabe über verschiedene Paketdienstleister möglich, so dass der Kunde keinen großen Aufwand betreiben muss, um eine Abgabestation zu finden.
- Wichtig ist jedoch auch die Retourenreduzierung – denn Rücksendungen haben tatsächlich schon so manches E-Commerce-Projekt in die Knie gezwungen. Beachten Sie darum folgende Punkte:
  - Der größte Teil aller Retouren, 65 %, erfolgt, weil das Produkt nicht der Beschreibung entsprach. Achten Sie darum auf eine informative und umfassende Produktbeschreibung sowie aussagekräftige Fotos. Machen Sie klar, wie das Produkt beschaffen ist, ob es Kompatibilitätsvoraussetzungen gibt etc. Auf diese Weise lässt sich ein guter Teil der Retouren vermeiden. Unvermeidbar sind jedoch speziell im Textilbereich Mehrfachbestellungen in verschiedenen Größen, Ausführungen

und Farben zum Ausprobieren – hiergegen ist leider „kein Kraut" gewachsen. Retouren dieser Art müssen bereits im Businessplan einkalkuliert werden.

- 41 % aller Retouren erfolgen wegen beschädigter und defekter Artikel. Eine professionelle und ausreichend schützende Verpackung kann hier im zweifachen Sinne den Schaden effektiv begrenzen.
- In 24 % der Fälle wurde der falsche Artikel geliefert. Sorgfältige Arbeit bei der Kommissionierung kann diese Art Retoure eliminieren.
- 10 % der Retouren erfolgen wegen zu langer Lieferzeiten – offenbar nimmt die Kaufeuphorie irgendwann ab, und nach einer längeren Lieferzeit wirkt ein spontaner Kauf eher unnütz und überflüssig, als wenn er schon zwei Tage nach Bestellung im Briefkasten liegt. Achten Sie darum auf zügige Lieferungen – schneller erhalten heißt eher behalten![3]

Hilfreich ist beim Retourenmanagement wie so häufig Information! Dazu gehört auch ein gutes Beschwerdemanagement, das zeitnah und professionell auf Kundenbeschwerden antwortet – so kann so manche Retoure vermieden werden, da Missverständnisse oder Probleme bei Inbetriebnahme gegebenenfalls ausgeräumt werden können. Sorgen Sie daher dafür, dass Kunden mit Problemen immer eine Anlaufstelle haben.

Lässt sich die Retoure trotzdem nicht vermeiden: Bitten Sie Ihre Kunden per Fragebogen um Angabe eines Grundes für die Rücksendung – so können Sie Ihren Service verbessern und Schwachstellen in Ihrem Angebot gezielt ausmerzen. Wird z. B. immer wieder die Qualität desselben Produkts moniert, können Sie dieses aus dem Angebot nehmen oder die Qualität verbessern, sofern das in Ihrer Macht liegt. Werden immer wieder die Lieferzeiten beklagt, so könnte es sich lohnen, den Versanddienstleister zu wechseln.

Darüber hinaus lohnt es sich, den Kunden entgegenzukommen. Unzufriedene Kunden können durch Kontakt und Kommunikation häufig beruhigt werden – sei es, dass Sie die Produktanwendung erklären oder bei beschädigten Produkten einen Preisnachlass anbieten. Kurz: Bieten Sie Service! Sie heben sich damit wohltuend von vielen Konkurrenten ab.

---

[3] http://www.ecommerce-leitfaden.de/images/big/E-Commerce-Leitfaden_Erfolgreich_im_elektronischen_Internet-Handel_Abb6-4_gross_Die_haeufigsten_Retourengruende.jpg 22.06.2016.

Suchmaschinenoptimierung (SEO)

8

Zusammenfassung

Auffindbarkeit ist Trumpf! Nur wer in den Ergebnislisten der Suchmaschinen ganz oben steht, generiert Traffic und damit Kunden. In diesem Kapitel geht es um die Maßnahmen, die Sie ergreifen können, um Ihren Shop für Suchmaschinen und damit für Kunden optimal auffindbar zu machen. Behandelt werden On-Page- und Off-Page-Optimierung, White-Hat- und Black-Hat-SEO sowie die Google Search Console.

Der schönste und beste Shop nützt selbstredend nichts, wenn niemand ihn findet. Das World Wide Web ist unendlich groß; Ihr Shop ist erst einmal die Nadel im Heuhaufen. Noch dazu ist dem Kunden noch nicht einmal bewusst, dass die Nadel überhaupt da ist – das kommt erschwerend hinzu. Niemand weiß, dass er überhaupt nach Ihrem Shop suchen könnte. Diese Situation teilen Sie mit vielen kleinen neuen „realen" Shops, die vielleicht in einer Seitengasse der Innenstadt versteckt sind – die Kunden kommen gar nicht erst hereingeschlendert. Ein realer Shop muss dagegen angehen: mit Werbung, mit einer guten Lage, die viel Kaufkundschaft bringt, mit Aktionen etc. Dasselbe gilt für Sie: Sie müssen Ihren Shop sichtbar machen. Der erste Schritt dazu ist eine gute Suchmaschinenoptimierung (SEO).

Vorweg: Suchmaschinenoptimierung ist komplex und zweitaufwendig. Sie ist mittlerweile ein Spezialgebiet, in dem ausgebildete Experten tätig sind. Wenn Sie sich die Aufgabe, Ihre Seite dahingehend zu optimieren, nicht zutrauen, kann es sich lohnen, speziell in der Anfangsphase einen Profi hinzuziehen, der Sie bei den ersten Schritten unterstützt. Schauen Sie jedoch bei der Wahl Ihres Dienstleisters genau hin – jeder kann sich als

SEO-Experte bezeichnen, auch wenn er/sie es nicht ist. Es handelt sich nicht um eine geschützte Berufsbezeichnung, und es sind neben echten Könnern auch jede Menge nicht besonders qualifizierter Personen in diesem lukrativen Markt unterwegs. Fragen Sie deshalb genau nach, welche Qualifikationen, Erfahrungen und Referenzen Ihr gewählter SEO-Manager hat.

8.1   SEO

Haben Sie den Begriff SEO schon einmal gehört? Vermutlich ja, denn er ist in aller Munde, SEO ist quasi der „Pate" des Internets. Zu Recht, denn er ist von eminenter Wichtigkeit – ohne SEO geht nichts. SEO ist die Abkürzung des englischen Begriffs „Search Engine Optimization", zu Deutsch Suchmaschinenoptimierung. Das sagt im Grunde auch schon aus, worum es geht: Um die Optimierung der Auffindbarkeit Ihrer Seite via Suchmaschinen. In der Realität heißt dies vor allem eine Optimierung für Google: Über 90 %[1] aller deutschen Nutzer benutzen den Suchmaschinenriesen, wenn sie im Netz unterwegs sind – Konkurrenten wie Bing oder Yahoo spielen nur eine kleine Statistenrolle.

Wo Google (oder eine andere Suchmaschine) Ihre Website listet, entscheidet über Erfolg oder Niederlage Ihres Unternehmens maßgeblich mit. Sie kennen das von Ihren eigenen Streifzügen im Internet: Nur selten klickt man sich über die zweite Seite der Suchergebnisse hinaus. Man nimmt, was oben steht. Also muss Ihr Ziel sein, mit Ihrem Shop auf der ersten Seite zu landen – die Top 10 sind der Ritterschlag!

Das bedeutet, Ihre Shopseite muss so gestaltet sein, dass Suchmaschinen sie optimal analysieren können. Um das zu erreichen, müssen sich an bestimmte Spielregeln halten, denn es bestimmen keine Menschen individuell nach eingehender Prüfung der Relevanz sämtlicher verfügbarer Seiten das Ranking, sondern die Google-Software rankt Seiten nach bestimmten Algorithmen, durchsucht sie nach sogenannten relevanten Keywords (Schlüsselworten) und ermittelt so ihr Ergebnis.

Tatsächlich ist Suchmaschinenoptimierung vonseiten Google nicht erwünscht, da diese das Ergebnis verfälscht – aus diesem Grund sind die Algorithmen auch geheim und werden auch immer wieder verändert. Ihnen bleibt nur, durch Versuch und Irrtum sich an eine optimale Seitengestaltung heranzutasten. Vorsicht ist geboten bei verbotenen Maßnahmen (Black-Hat-SEO, siehe Abschn. 8.4). Wenden Sie solche an, kann es passieren, dass Ihre Seite komplett „ausgelistet" wird und nicht mehr in den Suchergebnissen angezeigt wird – was verheerend wäre!

Sie können Ihre Auffindbarkeit auf zwei verschiedene Arten verbessern: zum einen mittels On-Page-Optimierung, zum anderen mittels Off-Page-Optimierung.

---

[1] http://de.statista.com/statistik/daten/studie/167841/umfrage/marktanteile-ausgewaehlter-suchmaschinen-in-deutschland/ 22.06.2016.

8.2   On-Page-Optimierung

Unter On-Page-Optimierung versteht man, wie der Name schon sagt, alle Maßnahmen, die Sie direkt auf Ihrer Seite ergreifen können, um die Auffindbarkeit durch den Kunden zu verbessern. Aus diesem Grund sollten Sie sich diesem Thema auch als erstes widmen, denn hier haben Sie Gestaltungsspielraum und können direkt Einfluss nehmen. Das Ziel ist es, zentrale Keywords, von denen anzunehmen ist, dass mögliche Kunden diese auf der Suche nach einem Shop wie Ihrem bzw. nach einem Produkt verwenden, in Ihre Website zu integrieren – im Seitentitel, in der Seitenbeschriftung, in den Texten, in Bildernamen. Hier können Sie frei schalten und walten – und das sollten Sie auch!

Ein wichtiger erster Schritt ist das Anlegen einer Sammlung relevanter Keywords für Ihren Shop. Stellen Sie sich die Frage: Mit welchen Begriffen könnte jemand, für den Ihr Angebot interessant ist, suchen? Welche Kombinationen von Suchworten sind möglich? Mit welchen Keywords arbeitet die Konkurrenz? Nehmen Sie sich Zeit und legen Sie eine fundierte Liste als Arbeitsgrundlage an. Behalten Sie dabei im Blick, dass es mitunter sinnvoller sein kann, sich auf „Nischen"-Keywords zu konzentrieren, anstatt sich auf sehr beliebte Begriffe zu stürzen, die von vielen Seiten verwendet werden. Es wird umso schwieriger sein, in diesem Umfeld ein gutes Ranking zu erzielen – in einem großen Teich hat es ein kleiner Fisch bekanntlich schwer.

8.2.1   Technische Aspekte der On-Page-Optimierung

Es gibt eine Reihe Maßnahmen auf der technischen Ebene, die eine bessere Auffindbarkeit des Shops über die Suchmaschinen gewährleisten. Dazu gehören:

1. Richtige Verschlagwortung der URL. Ihre URL sollte aussagekräftig sein (vermeiden Sie komplizierte Kombinationen mit vielen Zahlen, Sonderzeichen und Satzzeichen) und mindestens ein zentrales Keyword enthalten. Dieses sollte nah am Domainnamen stehen. Wichtig: Lassen Sie die URL nicht zu lang werden. Untersuchungen haben gezeigt, dass lange URLs User abschrecken. Überdies ist eine gute Merkbarkeit einer URL ein absolutes Plus! Sie kann so eher über persönliche Empfehlung weitergegeben werden als ein kompliziertes Wortgebilde. Es empfiehlt sich, einzelne Worte durch Bindestriche zu trennen. Dies macht die URL zum einen besser les- und merkbar, zum anderen soll dies auch für Algorithmen eine Rolle spielen. Verzichten Sie auf Umlaute – diese verursachen zu viele Probleme. Verwenden Sie lediglich die Buchstaben von A-Z, Zahlen und Bindestriche.
2. Auch der Seitentitel oder Meta Title (dies ist nicht dasselbe wie die URL, Sie vergeben diesen selbst) muss relevante Keywords enthalten. Dies gilt auch für die Unterseiten, nicht nur für die Startseite. Der Meta Title gilt als immens wichtig für die Suchmaschinenoptimierung, wählen Sie ihn daher mit Bedacht. Als Faustregel gilt, dass der Seitentitel nicht länger als 70 Zeichen sein sollte. Füllwörter haben hier nichts verloren,

versuchen Sie, Ihr Thema möglichst kurz und knackig in Worte zu fassen. Der Meta Title soll neugierig machen und zum Klicken anregen. Kombinieren Sie sinnvoll Haupt- und Nebenkeywords, d. h. als Hauptkeyword wird das Gesamtthema des Shops genannt, als darauffolgendes Nebenkeyword das Thema der Unterseite. Der Seitentitel muss deutlich vermitteln, was auf der jeweiligen Seite zu finden ist. Achten Sie auf eine klare Unterscheidbarkeit der Unterseiten.

3. Optimieren Sie auch Ihre Snippets. Als Snippets bezeichnet man die Informationen, die die Suchmaschinen in ihrer Ergebnisliste anzeigen, bestehend aus Seitentitel (Meta Title), URL und einem kurzen Text. In modernen Shopsystemen werden automatisch diverse Bereiche als Snippets übertragen (z. B. Produktbezeichnung, Einheiten, Preis etc.). Nutzen Sie diese Funktion und gestalten Sie diese Teaser-Texte bewusst. Achten Sie auf relevante Keywords und motivierende Formulierungen, um den Kunden zum Klicken zu bewegen. Verpassen Sie diese Chance nicht! Nehmen Sie sich die Zeit, für jede Unterseite einen passenden Text zu kreieren.

4. Ihr Teaser-Text sollte nicht zu lang sein, mehr als zwei Zeilen liest für gewöhnlich niemand, beschränken Sie sich darum auf 160–180 Zeichen. Beschreiben Sie kurz und knackig, was den User auf der betreffenden Seite erwartet. Benutzen Sie dabei Keywords und binden Sie ggf. auch Bilder oder Videos mit ein (Rich Snippets). Vermeiden Sie Wiederholungen und komplizierte Formulierungen. Der Teaser-Text soll das tun, was sein Name verspricht: den User anlocken und zum Klicken animieren! Er ist Werbung in Reinform – setzen Sie ihn entsprechend um.

5. Erstellen Sie eine XML-Sitemap. Eine solche kann von den Suchmaschinen effizienter und schneller durchsucht werden als konventionelle Webseiten. Es handelt sich um ein einfaches XML-Dokument, in dem alle Unterseiten einer Website aufgelistet sind. Sie wird in der Google Search Console hochgeladen (siehe auch Abschn. 8.5). Fast alle Shopsysteme erstellen die Sitemap automatisch – oder ermöglichen dies mit einem kleinen Plugin; ist das bei Ihrem System nicht der Fall, können Sie die Liste auch mithilfe eines Online-Tools erstellen. Auch Fachleute bieten die Erstellung einer XML-Sitemap als Dienstleistung an. Zum Hochladen der Sitemap auf Google müssen Sie sich mit einem Google-Account registrieren und Ihre Website obendrein in den Google Webmaster Tools verifizieren lassen. Dann können Sie die Sitemap manuell hochladen. Alternativ können Sie sie auch auf dem Server hinterlegen; sie hat dann eine eigene URL, die Sie wiederum in den Webmaster Tools speichern können, wo Google sie abrufen kann. Die URL zum Download kann auch in der Datei robots.txt hinterlegt werden.

Die XML-Sitemap ist keine SEO-Maßnahme im klassischen Sinne, denn sie erhöht das Ranking nicht. Sie erlaubt jedoch ein schnelles Durchsuchen seitens der Suchmaschine, Inhalte werden zügiger gefunden, und Ihre Chance, mit einer noch schwach verlinkten Seite überhaupt gelistet zu werden, steigt. Neue Inhalte können von Google zudem mittels der Sitemap sofort erkannt werden – wird z. B. ein neues Produkt eingestellt, landet dies sofort nach der Einstellung in der Sitemap und kann von Google indexiert werden.

Vermeiden sollten Sie bei aller Optimierungswut sinnlose Aneinanderreihungen von Keywords – das kann von den Suchmaschinen-Algorithmen als Spam interpretiert und darum ausgelistet werden. Verwenden Sie Ihre Keywords zudem präzise – sehr allgemeine Keywords helfen wenig bei der Suchmaschinenoptimierung.

Wenn Sie selbst nicht sonderlich versiert in den technischen Belangen sind, sollten Sie hier einen Fachmann hinzuziehen, der Ihren Shop auf technischer Ebene optimiert.

8.2.2 Inhaltliche Aspekte der On-Page-Optimierung

Auch inhaltlich können Sie einiges für die Optimierung Ihrer Seite tun. Achten Sie darauf, dass die Texte Ihrer Seite, speziell Ihrer Startseite, mit Blick auf die SEO-Keywords, die Sie erarbeitet haben, verfasst sind. Viele Shopsysteme bieten SEO-Tools an, mit denen Sie Ihre Texte überprüfen können; darüber hinaus gibt es Gratis-Tools im Netz. Ich arbeite sehr gerne mit seobility (https://seobility.net/), dort können Sie bis zu 1000 Unterseiten kostenlos analysieren und erhalten einen sehr nützlichen Bericht. Dazu bekommen die SEO-Wirksamkeit direkt vom Tool angezeigt und Vorschläge, welche Aspekte Sie optimieren können.

Halten Sie die Balance zwischen SEO und Kundenfreundlichkeit. Ihr Text sollte trotz Verschlagwortung gut lesbar und informativ sein – Sie schreiben immer noch primär für den Leser und nicht für die Suchmaschine! Der Text sollte mindestens 300–400 Worte haben, um sinnvoll erfasst zu werden, eine gute Struktur, Absätze und Überschriften sowie Unterüberschriften aufweisen. Rechtschreibfehler sind tabu, sie verschlechtern die Erkennbarkeit relevanter Begriffe durch die Suchmaschinen.

Vergessen Sie nicht Bilder und Videos! Auch hier sollten sie in den Unterschriften auf Keyword-Benutzung achten. Auch die Dateinamen von Bildern und Videos werden von den Algorithmen berücksichtigt, wählen Sie diese daher ebenfalls mit Bedacht!

8.3 Off-Page-Optimierung

Hier geht es, wie man sich denken kann, um alles, was außerhalb der eigenen Seite stattfindet. Auch außerhalb der eigenen Seite kann man, wenn auch nur indirekt, beeinflussen, wo der Shop im Suchmaschinen-Ranking zu stehen kommt. Hier sind die Möglichkeiten praktisch unbegrenzt – doch Sie haben hier keinen direkten Einfluss auf das Geschehen, sondern können lediglich versuchen, die Dinge in die gewünschte Richtung zu lenken.

8.3.1 Links

Mit der wichtigste Aspekt bei der Off-Page-Optimierung sind Links – Verlinkungen von anderen Seiten auf die Ihre (auch „Backlinks" genannt). Diese tragen massiv zur Reputation Ihres Shops im Netz bei. Man spricht hier auch von Link-Popularität, und diese beeinflusst das Ranking in den Suchmaschinen. Sie haben den Charakter von Empfehlungen in der analogen Welt – auf solche verlässt man sich. Sicher haben auch Sie schon einmal Ware gekauft, weil Sie einen Link auf einer themenrelevanten Seite gefunden haben, weil das Produkt in Bewertungen oder Rezensionen empfohlen wurde. Dasselbe gilt für Ihre Kunden.

Wichtig jedoch ist bei beim Linkmanagement: Damit nicht nur Kunden, die ohnehin auf den betreffenden verlinkenden Seiten sind, zu Ihrem Shop geleitet werden, sondern die Links auch Ihr Suchmaschinenranking positiv beeinflussen und Sie im Suchergebnis weit oben landen, der Effekt sich also potenziert, müssen Sie auch die Suchmaschinen überzeugen!

8.3.2   Qualität, nicht Quantität – die Wichtigkeit von qualitativen Links

Was können Sie nun tun, um möglichst viele relevante Backlinks zu erzeugen? Google selbst empfiehlt, nichts zu tun – nach der Theorie des Suchmaschinenanbieters setzt sich Qualität durch. Wenn eine Seite für die Nutzer wertvoll ist, werden diese sie schon in Form von Links weiterempfehlen, so die Annahme. Dies ist verständlicherweise Googles Wunschszenario; die Firma möchte vermeiden, dass das Suchergebnis verfälscht wird, und geht daher auch vehement gegen Link-Manipulation vor – Links auf Gegenseitigkeit (Sie verlinken eine Seite, im Gegenzug verlinkt diese die Ihre), auch reziproke Links genannt, werden ebenso abgestraft und nicht berücksichtigt wie der Kauf von Links (auch das ist möglich). Google entwickelt seine Algorithmen ständig weiter, um eben solche „Deals" und „künstliche Links" zu verhindern. Quantität hilft also nicht zwingend weiter – wichtiger sind dagegen qualitative Faktoren, die von den Suchmaschinen ebenfalls bewertet werden.

Hüten Sie sich darum, einfach alle Freunde und Bekannten aufzufordern, Ihre Seite zu verlinken, egal welcher Art deren Seiten sind. Suchmaschinen sind durchaus in der Lage zu erkennen, ob es sich um einen „Qualitätslink" handelt, d. h. ob verlinkende Seite und verlinkte Seite einen inhaltlichen Bezug aufweisen, oder ob es sich um einen völlig zusammenhanglosen Link handelt. Wenn also Ihr bester Freund einen Blog für Investmentbanker betreibt und Sie selbst führen einen Shop für esoterische Tees, wird eine Verlinkung hier für die Suchmaschinenoptimierung wenig nützen. Auch wird die Verlinkung als solche vermutlich wenig in punkto Direktmarketing bringen, nebenbei gesagt, denn Investmentbanker neigen im Allgemeinen wenig zu esoterischen Tees … Haben Sie jedoch viele Freunde, die ebenfalls in der Esoterikszene unterwegs sind, sieht die Sache anders aus – thematische Relevanz wird von den Google-Algorithmen positiv bewertet. Vorsicht ist allerdings geboten bei gegenseitiger Verlinkung, d. h. Sie verlinken im Gegenzug gegen einen Link die Seite des Gegenübers. Eine solche reziproke Verlinkung wird von den Suchmaschinen erkannt und beim Ranking nicht berücksichtigt. Sie sehen schon: Es warten eine Menge Fallstricke.

Pluspunkte sammeln können Sie unter anderem auch mit der Position des Links: Steht dieser weit oben auf der verlinkenden Seite, wird dies positiv bewertet. Ebenfalls einen Einfluss hat, in welchem Kontext der Link steht. Ist er konkret in den Inhalt, z. B. einen Text, eingebunden und dient somit einem inhaltlichen Zweck, anstatt einfach nur Teil einer Linkliste zu sein, sammeln Sie Pluspunkte.

Ebenfalls von Belang ist der Linktext oder Ankertext, d. h. der anklickbare Text des Hyperlinks. Hier kann durchaus etwas anderes stehen als die Adresse Ihres Shops, der Text ist frei wählbar. Ist dieser Text aber inhaltlich nicht relevant, gibt er z. B. Ihre Firmenbezeichnung an, die keine inhaltlichen Keywords enthält (z. B. „Fa. Goldmann" anstatt „Hochwertige Diätnahrung für Diabetiker"), wertet Google diesen Link wiederum ab. Es sollte also im Linktext ein Keyword oder eine aussagekräftige Beschreibung mit inhaltlich relevanten Begriffen gewählt werden, die auch auf Ihrer Seite eine Rolle spielen und von denen Sie vermuten, dass Ihre Kunden sie als Suchwörter verwenden. Der Link kann z. B. sagen „Die neuesten Elektronikartikel für Segler", „Individueller T-Shirt-Druck" oder etwas Vergleichbares – eben mit klaren Schlüsselwörtern.

Ein umstrittenes Thema sind „Nofollow-Links". Diese Links sind im HTML-Code der Website mit dem Attribut „nofollow" versehen (sichtbar, wenn man in den Quellcode einer Website schaut) und sollen den Suchmaschinen signalisieren, dass die verlinkende Seite nicht „hinter dem Link steht". Häufig verfahren z. B. Foren oder Blogs so, die sich nicht uneingeschränkt für Werbung zur Verfügung stellen wollen. Sie signalisieren mit dem Nofollow-Link, das nicht sie diesen platziert haben. Ob und inwiefern Suchmaschinen diesen Vermerk berücksichtigen, ist nicht zweifelsfrei klar. Einige Spezialisten behaupten, Nofollow-Links seien Gift, andere wiederum sagen, es sei für die Algorithmen sogar verdächtig, wenn eine Website ausschließlich Followlinks und keine Nofollow-Links hat. Solange nichts Gegenteiliges bekannt ist, ist davon auszugehen, dass es die Mischung macht. Es gibt also keinen Grund, panisch gegen Nofollow-Links anzukämpfen – ausschließlich solche Links sind aber auch nicht gesund für Ihr Ranking.

8.3.3 Wer verlinkt mich da?

Wichtig ist auch das Ranking der Seiten, die Ihren Shop verlinken: Sind dies Seiten mit einem guten Ranking bei den Suchmaschinen, so färbt deren Glanz quasi auf Ihre Seite ab. Dasselbe gilt natürlich auch für den gesamten Ruf und Look einer Seite. Seriöse Backlinks schaffen Vertrauen. Verlinken inhaltlich fragwürdige Seiten Ihren Shop, ist das nicht gerade eine Empfehlung. Es ist allerdings schwierig, sich gegen unerwünschte Links zu wehren – Ihnen steht kaum eine andere Möglichkeit zur Verfügung, als den Betreiber der verlinkenden Seite zu bitten, den Link zu entfernen. Sie können auch, wie unter 8.5.1 beschrieben, die Disavow-Funktion nutzen, um sich von dem Link zu distanzieren und dafür zu sorgen, dass er vom Algorithmus nicht berücksichtigt wird. Sprechen Sie selbst Seiteninhaber an, achten Sie von vornherein auf Seriosität und Professionalität bei Ihren Partnern.

8.3.4   Social Signs

Hierunter versteht man die Häufigkeit, mit der Ihre Shopseite in den sozialen Netzwerken erwähnt wird. Wird bei Facebook in Kommentaren darüber gesprochen? Wird die Seite bei Twitter erwähnt? Wird der Shop geliked oder geteilt? Wenn Ihre Seite immer wieder im Gespräch ist, bedeutet das für die Suchmaschinen erhöhte Relevanz. Sorgen Sie also dafür, dass dies der Fall ist.

Natürlich verlinken Sie Ihren Shop in Ihrem persönlichen Profil auf den Social-Media-Kanälen. Es kann sich auch lohnen, für Ihren Shop eine eigene Seite bei Facebook, Instagram oder einen eigenen Twitterkanal zu erstellen. Aber tun Sie das nur, wenn Sie diese Kanäle auch tatsächlich regelmäßig mit relevanten Nachrichten bespielen können. „Tote" Social-Media-Profile sind eine denkbar schlechte Werbung.

8.3.5   Maßnahmen für Links

Was genau können Sie nun tun, um die Zahl der qualitativ hochwertigen Links für Ihre Seite zu erhöhen? Schließlich sollen Sie Links weder kaufen noch inflationär streuen oder tauschen, was also ist die richtige Herangehensweise?

Wichtig ist: Natürlichkeit ist Trumpf. Ihre Verlinkung im Netz muss wirken, als hätte sie sich „organisch" entwickelt. Alles andere kann den Algorithmen verdächtig auffallen und abgestraft werden. Widerstehen Sie der Versuchung, schnell viele Links aufzubauen – der Erfolg wird nicht wie gewünscht sein. Schießt die Anzahl der Links auf Ihre Website urplötzlich in die Höhe, gibt es überall auf einen Schlag euphorische Empfehlungen, ist dies wenig glaubwürdig. Vermeiden Sie jeden Eindruck, dass Sie nachhelfen. Nicht zu empfehlen sind daher Link-Kauf und der Eintrag in Linkverzeichnisse – diese sind für die Suchmaschinenalgorithmen relativ wertlos und lohnen den Aufwand nicht. Finden Sie sich damit ab, dass ein gezieltes und qualitativ hochwertiges Link-Building Zeit und Geduld braucht. Gute Backlinks kommen von qualitativ hochstehenden, relevanten Seiten mit guten Inhalten und vielen Besuchern. Man bekommt sie nicht im Handumdrehen.

Mögliche Maßnahmen sind:

1. Suchen Sie gezielt nach geeigneten Seiten zur Verlinkung. Es kann sich lohnen, bei der Konkurrenz mit der Suche anzufangen. Wer verlinkt die wichtigen Shops für Ihre Zielgruppe und Produktpalette? Fragen Sie auch geschäftliche Kontakte, Lieferanten und wichtige Kunden, ob diese Sie verlinken wollen. Suchen Sie anhand wichtiger Keywords Ihres Shops nach weiteren „Schlüsselseiten", sowohl über Google als auch auf Social-Media-Kanälen. Auf welchen Seiten holt sich Ihre Zielgruppe ihre Informationen zu dem Themenspektrum, zu dem Ihr Produktangebot gehört? Wo gibt es die wichtigen News, welche sind die einschlägigen Blogs? Welche Seiten könnten sinnvolle Linkpartner sein? Verlinken diese wiederum andere Seiten, die interessant als Partner sind?

2. Nehmen Sie mit den möglichen Partnern, Marken oder Händler Kontakt auf und bitten Sie um Verlinkung. Tun Sie das auf eine professionelle und sachliche Weise, stellen Sie konkret die Eigenschaften und Vorzüge Ihres Shops heraus und arbeiten Sie heraus, warum es für das Gegenüber sinnvoll ist, Sie zu verlinken. Sprechen Sie den Kontakt konkret an und gehen Sie individuell auf ihn ein, verschicken Sie keine Kettenmails!

3. Achten Sie darauf, dass Ihre Links nicht immer auf dieselbe Weise, mit demselben Ankertext im selben Kontext eingebunden sind, sofern Sie Einfluss darauf haben.

4. Immer wieder werden Sie vor der Situation stehen, dass eine andere Website gewillt ist, Sie zu verlinken, wenn Sie im Gegenzug dasselbe tun. Dies lässt sich nicht immer vermeiden, Sie sollten dies aber gezielt und sparsam einsetzen, um Ihr Ranking nicht abzuwerten. Tauschen Sie Links nur bei sehr relevanten Seiten, bei denen Sie auf den Link nicht verzichten wollen. Ggf. können Sie auch indirekt tauschen, d. h. Sie verlinken das Gegenüber über eine weitere Website.

5. Sorgen Sie dafür, dass Sie ins Gespräch kommen. Veröffentlichen Sie Fachartikel oder Blogbeiträge, sofern sich dies für den Bereich, in dem Sie sich tummeln, anbietet. Kommentieren Sie Blogbeiträge, beteiligen Sie sich an Diskussionen im Netz, klinken Sie sich in Onlineforen ein (natürlich erwähnen Sie in jedem Beitrag Ihre URL in der Signatur). Allerdings muss man bedenken, dass manche Foren, Blogs und Portale nur Nofollow-Links erlauben. Veröffentlichen Sie auch Pressemitteilungen – aber nur, wenn Sie tatsächlich etwas mitzuteilen haben. Langweilige Pressemitteilungen über Banalitäten will niemand lesen.

6. Achten Sie in diesem Kontext darauf, nicht zu marktschreierisch zu werben, das wirkt abschreckend auf andere User. Bleiben Sie sachlich und behalten Sie immer im Hinterkopf, was für den User wichtig zu wissen ist.

7. Tragen Sie sich in Online-Verzeichnisse und Branchenportale ein – aber bitte nur, wenn diese auch relevant für Ihr Gebiet sind. In „Friedhofsverzeichnissen" zu stehen, nützt nichts. Seien Sie vorsichtig bei kostspieligen Bezahlangeboten. Sie rechtfertigen so gut wie nie ihren Preis.

8. Gehen Sie sicher, dass Ihre Shopseite lebendig und informativ ist. Bieten Sie nicht nur Produkte an, sondern auch Informationen (denn die Inhalte von Produktseiten gleichen sich oft) – z. B. Links zu relevanten Fachartikeln o. ä. Veröffentlichen Sie News, veranstalten oder sponsern Sie Gewinnspiele, Preisausschreiben, Umfragen, Spendenprojekte oder sonstige Aktionen. Wenn Ihre Seite lebt, ist es deutlich wahrscheinlicher, dass sie auch wahrgenommen wird.

9. Bitten Sie Ihre Kunden um Feedback, Bewertungen und Kommentare.

10. Erleichtern Sie Ihren Sitebesuchern das Verlinken – das bedeutet, bringen Sie in Ihrem Shop Social-Media-Buttons an, mit denen ohne Aufwand sofort geteilt werden kann.

11. Behalten Sie im Hinterkopf, dass SEO und Linkbuilding fortdauernde Aufgaben sind. Mit einer Anstrengung zu Beginn ist es nicht getan. Ihre Onlinereputation und Präsenz im Netz sind langfristige Projekte, an denen Sie wieder und wieder und wieder arbeiten müssen. Das Netz ist schnelllebig, und wer sich nicht kümmert, nicht bemerkbar

macht, nicht an seiner Sichtbarkeit arbeitet, der geht schnell unter. Nehmen Sie sich darum regelmäßig Zeit für SEO-Maßnahmen und achten Sie auf einen gesunden Aktivitätenmix, der die Ergebnisse bringt, die die Algorithmen sich wünschen – Ihrem Shop zuliebe, in den Sie so viel Zeit, Geld und Energie gesteckt haben, um ihn online zu bringen.

8.4   Sauber bleiben: der Unterschied zwischen White-Hat-SEO und Black-Hat-SEO

Suchmaschinenoptimierung ist harte Arbeit – es kann verführerisch sein, sich dieser Arbeit zumindest zum Teil zu entledigen. Es ist jedoch absolut davon abzuraten! Die Verwendung nicht erlaubter Optimierungsmethoden kann dazu führen, dass Ihre Seite von den Suchmaschinen nach hinten verschoben (Penalty) oder komplett ausgelistet wird – eine enorm geschäftsschädigende Strafe. Achten Sie daher darauf, dass Sie die legalen Wege der Suchmaschinenoptimierung einhalten. Auch wenn Sie eine andere Person mit der SEO-Arbeit beauftragen, sollten Sie dies im Briefing immer klarstellen. Versichern Sie sich, dass ihr Dienstleister nur Methoden anwendet, die von Google und anderen Suchmaschinen gestattet sind – so genannte White-Hat-SEO-Methoden.

▶ **White-Hat-SEO** Unter White-Hat-SEO werden sämtliche Maßnahmen zusammengefasst, die sich innerhalb der von den Suchmaschinenbetreibern vorgegebenen Richtlinien bewegen. Zu diesen gehören sämtliche oben beschriebenen Maßnahmen: On-Page-Optimierung mithilfe klug platzierter Keywords und technischer Optimierung, Off-Page-Optimierung mittels organisch gewachsener Linkbildung in Zusammenarbeit mit relevanten und seriösen Seiten.

▶ **Black-Hat-SEO** Unter Black-Hat-SEO versteht man wiederum die Umgehung bzw. Übertreibung der normalen SEO-Maßnahmen und eine damit einhergehende Verletzung der Richtlinien von Suchmaschinen. Gemeint sind Spaming-Methoden, mit denen versucht wird, das Ranking der Seite nach oben zu treiben. Darunter fallen gekaufte Links in großer Masse, Doorway Pages (mit Keywords vollgestopfte Seiten, die nur dazu dienen, auf die eigentliche Seite, die beworben werden soll, weiterzuleiten) und auch das Cloaking, bei dem versucht wird, mittels zweier Seiten unter derselben URL (eine davon optimiert für Suchmaschinen, die andere für den eigentlichen User) das Ranking zu erhöhen.

Lassen Sie unbedingt die Finger von diesen Black-Hat-SEO-Methoden! Die Suchmaschinenalgorithmen werden ständig optimiert, um dergleichen Betrügereien zu erkennen, und das Risiko, auf einer schwarzen Liste zu landen und überhaupt nicht mehr in den Ergebnislisten aufzutauchen, sollten Sie auf keinen Fall eingehen. Bleiben Sie sauber – es ist auf lange Sicht der bessere Weg!

8.5   Die Google Search Console

Bei der Google Search Console (früher auch bekannt als Google Webmaster Tools) handelt es sich um ein Analyse- und Servicetool der Suchmaschine Google, die Ihnen als Onlineshop Betreiber gute Dienste leisten kann. Das Tool ermöglicht Einstellungen an Webseiten, Optimierungen und Zugriff auf Statistiken. Es kann zusätzlich noch mit Google Analytics (siehe Kap. 10) verknüpft werden. Die Search Console warnt Sie auch, wenn auffällige Backlinks auftauchen oder Malware auf Ihrer Seite installiert wurde. Ein nützliches Tool also, und wert, dass man sich damit beschäftigt. Sind Sie kein „Technik-Freak", kann es sich allerdings lohnen, diese Aufgabe auszulagern.

Um die Search Console zu nutzen, benötigen Sie ein Google-Konto und müssen sich nach der Anmeldung als Eigentümer Ihrer Seite verifizieren – über ein gültiges Analytics-Konto, den Anbieter des Domainnamens, ein HTML-Tag oder den Google Tag-Manager.

Besonders nützlich ist die Tatsache, dass die Google Search Console Sie sofort benachrichtigt, wenn es Probleme beim Crawling, also beim Durchsuchen Ihrer Seite, gibt, ebenso bei Serverproblemen oder Spam.

8.5.1   Funktionen der Google Search Console

1. Die Möglichkeit, eine XML-Sitemap hochzuladen (siehe Abb. 8.1), wurde bereits in Abschn. 8.2.1 behandelt. Es handelt sich hier zwar nicht um eine absolut „kriegsentscheidende" Maßnahme, doch sie schadet nicht. Die Geschwindigkeit, in der die Such-

```
This XML file does not appear to have any style information associated with it. The document tree is shown below.
▼<urlset xmlns="http://www.sitemaps.org/schemas/sitemap/0.9">
   <script/>
 ▼<url>
     <loc>https://intent.de/cloud/hybride-cloud-umgebungen-ein-leitfaden-zu-den-besten-applikationen-workloads-und-strategien</loc>
   </url>
 ▼<url>
     <loc>https://intent.de/cloud/icloud-fuer-windows-so-gehts</loc>
   </url>
 ▼<url>
     <loc>https://intent.de/cloud/warum-edge-computing-fuer-cloud-loesungen-unerlaesslich-ist</loc>
   </url>
 ▼<url>
     <loc>https://intent.de/cloud/wie-cloud-anbieter-die-kosten-reduzieren-ohne-qualitaetsverlust</loc>
   </url>
 ▼<url>
     <loc>https://intent.de/cyber-security/die-top-10-cybersecurity-unternehmen-im-jahr-2020</loc>
   </url>
 ▼<url>
     <loc>https://intent.de/ratgeber/top-5-google-chrome-plugins-die-deine-produktivitaet-verbessern-koennen</loc>
   </url>
 ▼<url>
     <loc>https://intent.de/cloud/warum-es-jetzt-langsam-an-der-zeit-ist-dass-unternehmen-in-die-cloud-umsteigen</loc>
   </url>
 ▼<url>
     <loc>https://intent.de/big-data/wie-big-data-die-art-und-weise-veraendert-wie-menschen-eine-neue-sprache-lernen</loc>
   </url>
 ▼<url>
     <loc>https://intent.de/ai/wie-saas-ki-und-maschinelles-lernen-die-sportuebertragung-foerdern</loc>
   </url>
 ▼<url>
     <loc>https://intent.de/news/amazon-pay-im-e-commerce</loc>
   </url>
 ▼<url>
     <loc>https://intent.de/news/wordpress-cms-als-professionelle-loesung-ist-das-system-zu-unrecht-verkannt</loc>
   </url>
 ▼<url>
     <loc>https://intent.de/news/ui-design-fuer-onlineshops-so-wirkt-sich-der-internetauftritt-auf-kunden-aus</loc>
   </url>
```

Abb. 8.1 Sitemap

maschine die Website erfassen kann, wird so erhöht, und auch schwer zugängliche Seitenelemente können erfasst werden. Insofern ist es durchaus empfehlenswert, die Möglichkeit, da sie nun einmal zur Verfügung steht, auch zu nutzen. Es besteht sogar die Möglichkeit, eine Bilder- oder Video-Sitemap zu hinterlegen. Google kann die Seite so noch schneller erfassen.

2. Sehr nützlich im Sinne der Off-Page-Optimierung ist die Möglichkeit, Backlinks mit dem „Disavow-Tool" für ungültig zu erklären. Werden Sie auf Backlinks aufmerksam, die aus Ihrer Sicht geschäftsschädigend sind, z. B. von unseriösen Seiten aus, können Sie eingreifen. Sollte z. B. Ihre Seite für Sportkleidung von einem Forum für Goldfische verlinkt werden, so müssen Sie sich damit nicht abfinden. Der Link wird zwar nicht entfernt, aber von Google nicht mehr berücksichtigt.

3. Einstellen können Sie auch die bevorzugte Länderauswahl und das gewünschte Standard-Domain-Format (ob mit oder ohne www zu Beginn der URL). Auch die Crawl-Geschwindigkeit kann festgelegt werden.

4. Sie können auch einzelne Parameter einer URL für ungültig erklären – wenn einzelne Teile der URL keine inhaltliche Bedeutung haben, kann es helfen, diese auszuschließen, da sie das Ergebnis verfälschen. Ebenso können Sie URLs aus dem Google-Index entfernen, z. B. wenn Sie einen internen Leserbereich zu schützen vergessen haben und die Inhalte aus dem Index löschen wollen, um diese nicht der Allgemeinheit zugänglich zu machen.

8.5.2   Statistik-Tools

Sehr interessant für Sie als Onlineshop Betreiber sind die Statistik-Tools der Google Search Console. Sie können Ihnen bei der Optimierung Ihres Angebots wertvolle Dienste leisten. Im Dashboard finden Sie folgende Informationen über Ihre Seite:

1. Unter Leistungen bei Suchanfragen: Sie können hier die Suchanfragen und Klicks und die Rankings der Keywords ansehen. Dies sind wichtige Informationen für Ihre SEO-Auswertungen.

2. Unter Links bei Top-verweisende Websites: Sie können hier sehen, über welche Links User auf Ihre Seite gelangt sind. Auch daraus können Sie wertvolle Schlüsse ziehen.

3. Unter Links bei Interne und Externe Links: Hier können Sie sich anzeigen lassen, wie viele Links von den Unterseiten Ihres Shops abgehen, was wiederum wertvoll für die On-Page-Optimierung ist.

4. Abdeckung: Hier erfahren Sie, wie viele Seiten Ihrer Website aktuell im Google Index auffindbar sind (siehe Abb. 8.2).

5. Core Web Vitals: Diese Funktion gibt Aufschluss, welchen Page Speed Google für Ihre Seite ermittelt hat. Hier können Sie sehr effektiv ablesen, ob Ihre Website technisch funktioniert. Falls die Werte im gelben oder roten Bereich sind, sollte diese optimiert werden.

Abb. 8.2 Indexierungsstatus

6. Rich-Snippets (Logos, Produkte, Rezensionen, Sitelinks): Unter diesen Tabs bei Verbesserungen finden Sie die Analyse für die Anzeige der Rich Snippets. Achten Sie hier
   auf Fehler und optimieren Sie diese. Wenn Google die ganzen Inhalte gut lesen kann,
   ist dies ein weiterer Faktor um bei Google attraktiver gelistet zu werden.

Marketing

Zusammenfassung

Dieses Kapitel befasst sich mit verschiedenen Marketing-Methoden für E-Commerce-Shops. Ihnen stehen neben SEO eine Reihe von Möglichkeiten zur Verfügung, vom E-Mail-Marketing über Social Media-Maßnahmen bis zum Affiliate Marketing oder klassischen Ads. Eine gut geplante Marketing-Strategie ist für Ihren Shop bares Geld wert.

Einen Shop aufsetzen ist noch nicht das große Problem. Viel schwieriger ist die richtige Vermarktung Ihres Angebots. Mit den im vorhergehenden Kapitel beschriebenen SEO-Maßnahmen haben Sie schon ziemlich viel zur Vermarktung Ihres Shops beigetragen. Doch letztlich kommen Ihre Kunden nicht nur über Suchmaschinen. Sie finden ihren Weg zu Ihrem Shop auf individuelle Art. Die Frage ist nun, wie können Sie an geeigneten Stellen „Wegweiser" aufstellen, um potenzielle Kunden anzulocken.

9.1 Das A und O: die Zielgruppe

An diesem Punkt lohnt es, zum Businessplan zurückzukehren. Wen haben Sie dort als Ihre Zielgruppe definiert? Führen Sie sich noch einmal sämtliche Merkmale der Zielgruppe genau vor Augen und beginnen Sie dann eine Recherche. Denn die nächste Frage ist: Wo bewegt sich diese Zielgruppe im Netz? Auf welchen Seiten tummeln sich diese Menschen? Wo beziehen sie die für sie wichtigen Informationen? Sind sie eher auf Facebook,

Instagram oder Xing unterwegs? Oder in Foren? Auf Nachrichtenseiten? Gibt es einschlägige Seiten zu Themen, die mit Ihren Produkten in Verbindung stehen? Blogs? Chats?
Wann surfen diese Menschen? Studieren Sie den „Verkehr" in Foren, auf einschlägigen
Facebook, Instagram oder Xing-Seiten und Blogs. Wann ist hier der regste Austausch?
Können Sie Muster erkennen? Sind die Leute eher am Wochenende im Netz unterwegs als
unter der Woche? Abends oder nachmittags? Handelt es sich bei Ihrem Sortiment um Produkte, die man zwischendurch googelt, oder nimmt man sich abends mehr Zeit dafür?
Sind sie zu einer bestimmten Jahres- oder Monatszeit besonders gefragt? Wird mobil ge-
surft oder am PC?

Es lohnt sich, auf diese Recherche Zeit zu verwenden – tauchen Sie tief in die Nutzungs-
muster Ihrer Kunden ein. Sie müssen genau wissen, was diese um welche Uhrzeit tun und
wo sie sich im Netz bewegen. Nur so können Sie vermeiden, dass ihre Werbemaßnahmen
von großen sogenannten Streuverlusten beeinträchtigt werden – gerade bei Nischenshops
kommt es darauf an, die Zielgruppe möglichst genau anzusprechen. Das „Gießkannen-
prinzip" funktioniert hier nicht gut, richten Sie vielmehr Ihren Wasserschlauch genau auf
die richtige Stelle.

9.2   Werbemöglichkeiten für Onlineshops

Sie haben Ihre Recherche gemacht, nun können Sie an die Umsetzung gehen. Ein gesun-
der Marketingmix ist immer eine gute Basis für Ihren Erfolg – konzentrieren Sie sich
nicht nur auf eine einzige Maßnahme. Überdenken Sie jedoch die hier vorgeschlagenen
Möglichkeiten sorgfältig – die ein oder andere mag aus Budgetgründen oder aufgrund
der Beschaffenheit Ihrer Zielgruppe für Sie nicht sinnvoll sein. Galoppieren Sie also
nicht blindlings los und schießen aus allen Rohren – wenden Sie die Methoden an, die
für Sie und Ihr individuelles Projekt am erfolgsversprechenden sind. Manches wird auch
nach dem Prinzip „Versuch und Irrtum" ablaufen – probieren und evaluieren Sie. Was
funktioniert, wird beibehalten und ausgebaut – was nicht funktioniert, wird entweder
verbessert oder ausrangiert. Als neuer Onlineshop werden Sie auch dass ein oder andere
Angebot per E-Mail oder am Telefon erhalten. In der Regel ist dies nie eine Marketing-
methode, mit der Sie Umsätze erzielen. Es geht den Anbieter primär darum selbst Umsätze zu erzielen. Machen Sie solche Deals nur wenn mit einer Umsatzbeteiligung ver-
gütet wird.

9.2.1   Aktualität der eigenen Seite

Dieser Punkt wurde bereits in Kap. 8 besprochen, soll hier aber nochmals betont werden.
Ihr eigener Shop ist die Basis Ihrer Marketingaktivitäten, und hier fängt alles an. Eine

Shopseite, auf der „etwas passiert", ist eine ausgezeichnete Eigenwerbung. Beschränken Sie sich nicht darauf, zu sagen, „die Produkte sind da, das reicht doch". Speziell die Startseite Ihres Shops sollte leben und mehr sein als eine „Weiche", auf der der Kunde den richtigen Menüunterpunkt sucht. Gewinnspiele, Aktionen, Wettbewerbe, Sonderangebote, Hinweise auf Events, ein neuer Fachartikel zu einem für Ihr Sortiment relevanten Thema, eine Pressemeldung, eine Studie, die die Nützlichkeit eines Produkts bestätigt? Vielleicht starten Sie auch einen themenrelevanten Blog? Den Möglichkeiten sind kaum Grenzen gesetzt – seien Sie kreativ! Geben Sie Ihren Kunden das Gefühl, dass Sie als Onlineshop Betreiber engagiert, kompetent und auf dem Laufenden sind.

9.2.2   Online- und Social-Media-Aktivitäten

Auch dies wurde im Zusammenhang mit SEO schon angesprochen, aber auch diese Maßnahmen sind letztlich auch Endkundenwerbung. Nicht nur die Suchmaschine wird auf Sie aufmerksam, auch Ihre Kunden bemerken Sie eher, wenn Sie in den sozialen Netzwerken und im Internet generell präsent sind. Richten Sie darum Facebook-, Instagram-, Pinterest- und Twitteraccounts für Ihren Shop ein, verlinken Sie ihn auf Ihren Xing- und LinkedIn-Profilen und bringen Sie sich aktiv in Blogs, Interessensforen und Fachportale ein, wo Sie sich idealerweise als Fachmann/-frau profilieren. Wichtig: Treten Sie in Diskussionen nicht aggressiv werbend auf. Darauf reagieren Nutzer extrem allergisch. Verbreiten Sie Ihre Botschaft eher subtil, treten Sie in einen Dialog auf Augenhöhe.

Wichtig in diesem Zusammenhang: Sie müssen auch aktiv sein. Nehmen Sie Social Media nur in Angriff, wenn Sie die Zeit und den Aufwand investieren können und wollen. Tote Accounts machen einen sehr schlechten Eindruck und sind schlimmer als überhaupt keine Social Media-Präsenz. Fragen Sie sich selbst: Was halten Sie von einem Unternehmen, auf dessen Facebook-Seite der letzte Eintrag zwei Jahre her ist? Professionell wirkt es nicht.

Es genügt einfach nicht, eine Kopie Ihres Onlineshops in ein Facebook-Profil zu „klatschen" und sich davon große Effekte zu erwarten. Sie müssen auf Ihren Social-Media-Seiten einen Mehrwert für den Nutzer bieten. Fragen Sie sich also, ob Sie in der Lage sind, wöchentlich mehrere Stunden auf Ihre Social-Media-Aktivitäten zu verwenden und mindestens ein bis zweimal wöchentlich relevante Posts liefern können. Falls nein, ist es besser, diesen Kanal unbespielt zu lassen. Nutzen Sie jedoch die Social Networks aktiv, kreativ und mit Elan, können Sie hier durchaus punkten. Bieten Sie interessante News, Diskussionen, exklusive Aktionen etc. etc., bieten Sie dem User ein Plus, wenn er Ihnen folgt – was bekommt er, was er anderswo nicht bekommt? Eine gute Social-Media-Strategie entsteht nicht von ungefähr – hier müssen Sie Zeit und Schweiß investieren. Der Aufwand kann sich jedoch durchaus lohnen – aber nur, wenn auch die Zielgruppe passt. Es gibt viele Shops bei dennen die Facebook Page deutlich hinterfragt werden sollte.

9.3   Affiliate Marketing

Ebenso wie in Zeitungen können Sie im Netz zahlungspflichtige Anzeigen schalten. Man bezeichnet diese Maßnahme auch als Affiliate Werbung. Darunter versteht man eine Vertriebspartnerschaft zwischen Ihnen als Onlineshop Betreiber und Anbietern (Publishern) von Content.

Der Publisher, z. B. der Betreiber einer Seite, die für Ihre Zielgruppe relevante News veröffentlicht, schaltet Werbung, z. B. in Form eines Banners oder Links, auf seiner Seite. Sie können Grafiken, Bilder, Videos und Texte auf fremden Seiten einbinden lassen. Gestalten Sie die Werbung mit Sorgfalt – sie ist Ihre Visitenkarte. Klickt ein Kunde die Werbung an, wird er auf Ihre Shopseite weitergeleitet. Abgerechnet wird nach einem Provisionsmodell, d. h. wenn ein Kauf zustande kommt, erhält auch der Vermittler Geld. Achten Sie darauf, dass die Provision sich an Verkäufen und nicht an Klicks berechnet – denn dass angeklickt noch nicht gekauft ist, versteht sich von selbst. Besser ist es, pro Verkauf (Pay per Sale) abzurechnen – üblich sind 5–10 % vom Nettoumsatz. So ist diese Art der Werbung für Sie relativ risikoarm. Sinnvoll ist es, ein geeignetes Affiliate-Modul einzusetzen, das bestmöglich transparent macht, welche Käufer tatsächlich über den Publisher in den Shop gekommen sind, so dass die Abrechnung präzise und fair erfolgen kann. Manche Shop-Softwares bieten ein solches Modul an, bei anderen muss es speziell programmiert und integriert werden.

Affiliate Werbung sollten Sie gezielt einsetzen. Wählen Sie einschlägige Seiten, die für Ihre Zielgruppe besonders relevant sind – entsprechende Fach- und Branchenportale, Newsseiten, Foren etc. Treffen Sie die Auswahl mit Bedacht und arbeiten Sie nur mit seriösen Seiten zusammen. Der Ruf Ihrer Partner fällt auch auf Sie zurück. Partner können Sie durch Recherche und direkte Ansprache, aber auch über Affiliate-Verzeichnisse finden (diese verlangen allerdings für ihre Dienste ebenfalls Geld, einige sind sogar richtig teuer!). Beliebte Netzwerke sind zum Beispiel Adcell (https://www.adcell.de/) oder der Marktführer Awin. Diese haben mittlerweile sogar ein Programm für Startups (https://www.awin.com/de/advertiser/awin-access) bei dem sich die Kosten in Grenzen halten.

▶   **Wichtig** Sie können bei Anzeigen häufig auch die Uhrzeit bestimmen, zu der die Werbung sichtbar ist. Wählen Sie eine Uhrzeit, zu der sich Ihre Zielgruppe im Netz aufhält. Vielbeschäftigte Manager werden kaum um elf Uhr morgens im Netz präsent sein. Junge Eltern dagegen gehen häufig schon bald nach ihren Kindern ins Bett – nachts um elf erreichen Sie diese mit Werbung kaum.

Auch in sozialen Netzwerken können Sie, neben Ihren eigenen Aktivitäten, kostenpflichtige Anzeigen schalten (die Abrechnung erfolgt üblicherweise nach Klicks). Dies kann durchaus erfolgversprechend sein. So können Sie z. B. bei Facebook oder Instagram Einstellungen vornehmen, die dazu führen, dass Nutzer anhand ihrer Profilmerkmale (Alter, Geschlecht, geografische Herkunft, Beruf, Interessen etc.) gezielt angesprochen werden, d. h. Ihre Werbung angezeigt bekommen. Dies bedeutet, Sie haben wenig Streuverluste und eine hohe Wahrscheinlichkeit, dass Ihre Anzeige bei Nutzern landet, die sich tatsächlich für Ihr Sortiment interessieren. Bestenfalls wirken diese Nutzer sogar als Multiplikatoren, indem Sie Ihren Shop gegenüber anderen Personen erwähnen.

9.3.1 Suchmaschinen-Werbung

Darüber hinaus besteht die Möglichkeit, direkt in den Suchmaschinen Werbeanzeigen zu schalten – bei Google erfolgt dies über Google Ads. In den Google-Suchergebnissen werden bezahlte Anzeigen am Anfang und am Ende der Seite angezeigt. Obwohl diese Anzeigen als Werbung gekennzeichnet sind, klicken viele Kunden automatisch auf die ersten Einträge auf der Seite. Sie haben die Möglichkeit, Ihre potenziellen Kunden einzugrenzen, z. B. bestimmte Länder oder Regionen anzugeben, in denen die Anzeige gezeigt werden soll.

Die Anmeldung bei Google Ads ist gratis, die Werbung kann auch jederzeit angepasst, wieder gestoppt oder für einen bestimmten Zeitraum ausgesetzt werden. Für die Anzeigen wird kein Pauschalbetrag fällig – vielmehr erhält Google Geld für diejenigen User, die die Anzeige tatsächlich anklicken und so zu Ihrem Shop geleitet werden. Sie geben Google einen Betrag an, den Sie täglich maximal ausgeben wollen; Google empfiehlt zwischen 10 und 20 Euro – wenn er aufgebraucht ist, wird Ihre Anzeige am betreffenden Tag nicht mehr gezeigt. Zudem geben Sie an, wie viel Sie maximal pro Klick (CPC = Cost per Click) bezahlen wollen. Google verfährt dann nach einem Auktionsmodell – wer am meisten bietet, der wird gut positioniert. Je höher der Betrag, desto besser Ihre Positionierung auf der Seite; zusätzlich spielen auch die Keywords und damit die Relevanz Ihrer Anzeige für eine Suchabfrage eine Rolle. Bedenken Sie dies bei der Auswahl Ihrer Keywords, und behalten Sie auch im Hinterkopf, dass bei besonders beliebten Keywords viele Anbieter mit Ihnen um eine gute Listung bei den Anzeigen konkurrieren.

Ein weiterer wichtiger Punkt bei Google Ads ist die Bespielung von Google Shopping. Hier können Sie aus dem Merchant Center (https://www.google.com/intl/de_be/retail/solutions/merchant-center/) die eingebunden Produkte Bewerben. Hier können Sie am Anfang einen Wert pro Sale eingeben. Dieser kann dann später dynamisch erstellt werden.

▶ **Tipp** Für die ganzen angegebenen Integrationen wie Affililate, Facebook, Google Ads, Google Analytics, Google Shopping und viele weitere Tools müssen Sie entsprechende technische Integrationen in Ihrem Shop vornehmen. Ersparen Sie sich die Zeit und nehmen Sie sich direkt einen Fachmann, der sich mit dem Google Tag Manager und Consent Management auskennt. Es sind nur ein paar Kniffe, aber hier muss jeder Schritt sitzen. Damit lassen sich dann alle Transaktionen in den genannten Tools und nachweisen und entsprechend analysieren.

9.3.2 Remarketing

Remarketing ist eine effiziente Werbemethode, die Sie auf der Grundlage von Ads oder Google Analytics nutzen können. Sie bedeutet, potenzielle Kunden, die sich bei Ihrem Besuch auf Ihrer Shopseite noch nicht zum Kauf entschließen konnten, gezielt mit passender Werbung zu beliefern, mit dem Ziel, sie doch noch als Kunden zu gewinnen. Der Kunde bekommt beim Surfen im Web auf Seiten, die mit der Ihren nichts zu tun haben, Anzeigenwerbung für Ihren Shop eingeblendet – und lässt sich hoffentlich zur Rückkehr und zum Kauf bewegen. Sicher haben Sie dieses Phänomen beim Surfen selbst schon beobachtet – und sich vielleicht sogar darüber gewundert. Es ist kein Hexenwerk und keine Gedankenübertragung, sondern einfach ein Algorithmus, der Ihre Vorlieben und Interessen speichert.

Remarketing kann über Ads (im Reiter „Kampagnen") und auch über Google Analytics gesteuert werden. Es gibt darüber hinaus aber auch noch endlos viele weitere Anbieter. Üblicherweise erhalten Sie einen Tag, den Sie in den Quellcode Ihrer Website einbauen müssen. Achten Sie darauf, in den Einstellungen dafür zu sorgen, dass die Maßnahmen für jeden User begrenzt sind. User, die über Monate immer und immer wieder Ihrer Werbung ausgesetzt sind, werden vermutlich irgendwann nicht mehr sonderlich positiv darauf reagieren, sondern sich eher belästigt fühlen. Mit sogenanntem Frequency Capping können Sie steuern, wie oft einem einzelnen User Ihre Werbung innerhalb eines bestimmten Zeitraums angezeigt werden soll.

9.3.3 E-Mail-Marketing

Es ist verlockend, einfach möglichst viele E-Mailadressen zu sammeln und regelmäßig an diese Newsletter und Werbung zu versenden. Immerhin ist diese Art der Werbung kostenfrei und landet direkt beim potenziellen Kunden. Aber Vorsicht ist geboten: Werbung per E-Mail ist in Deutschland prinzipiell verboten.

Das heißt aber nicht, dass Sie auf E-Mail als Werbemaßnahme komplett verzichten müssen. Eine Ausnahme liegt nämlich vor, wenn der Nutzer dem Empfang der Werbung ausdrücklich zugestimmt hat (Double Opt-in). Dies bedeutet, Sie können den Besuchern Ihrer Seite und natürlich unbedingt auch jedem Käufer beim Check-out anbieten, sich in einen E-Mailverteiler einzutragen. Moderne Newsletter-Tools, die die Shop-Softwares häufig mit anbieten, ermöglichen es, jeden Empfänger in seiner Mail mit Namen anzusprechen, was ein Plus ist, denn der Kunde fühlt sich automatisch gut betreut und individuell wahrgenommen. Über diesen Verteiler können Sie regelmäßig auf Aktionen, Sonderangebote, Gewinnspiele, neue Produkte, interessante News etc. hinweisen und sich so immer wieder ins Gedächtnis bringen. Achten Sie aber darauf, dass solche Mitteilungen nicht inflationär oft verschickt werden – ein bis zweimal pro Monat reicht aus. Eine ständige Bombardierung mit Mails wird von Kunden als unangenehm und lästig empfunden und könnte dazu führen, dass diese sich vom Newsletter abmelden.

Hilfreich an dieser Art der Werbung ist: Sie können die Resonanz mit Google Analytics direkt messen und merken sofort, ob ein Kunde auf Basis des Newsletters aktiv geworden ist.

Wichtig ist: Sie sind gesetzlich verpflichtet, dem Kunden die Möglichkeit zur Verfügung stellen, seine Zustimmung jederzeit zurückzuziehen und sich vom Newsletter abzumelden. Die eleganteste Lösung ist ein Link in jeder Mail, der zu einer Abmeldeseite im Browser führt. Die meisten Newsletter-Tools entfernen die betreffende E-Mailadresse dann automatisch. Nach einer Abmeldung versteht es sich, dass der Kunde absolut keine Mails mehr erhält – alles andere wäre ein Gesetzesbruch. Ganz abgesehen davon ärgert es den Kunden. Halten Sie sich also an die Willenserklärung, alles andere ist Unsinn.

E-Mail-Marketing ist immer noch mit das erfolgreichste Marketingmodell – Sie sollten daher nicht darauf verzichten. Sie sprechen bereits vorhandene, Ihnen gegenüber positiv eingestellte Kunden an, sonst hätten Sie die Adressen ja nicht; die Klickrate ist hoch. Kein Wunder, der Kunde hat sich mit dem Shop bereits identifiziert.

▶ **Tipp** Nennen Sie Ihre Mailings nicht „Newsletter". Der Name ist verbrannt und wird häufig mit Spam verbunden. Seien Sie kreativ und sprechen Sie Ihre Kunden mit einem Begriff an, der zu Ihnen und Ihrem Shop passt. Denken Sie beim Versand überdies auch an Ihre Zielgruppenrecherche: Wann ist der beste Zeitpunkt zum Empfang des Mailings? Morgens, abends, das Wochenende? Minimieren Sie durch gutes Timing die Anzahl der Kunden, die die Mail gestresst und unter Zeitdruck wegklicken.

9.3.4 Pressearbeit

Eine häufig vernachlässigte Methode, um Aufmerksamkeit zu generieren: Veröffentlichen Sie Pressemeldungen. Diese können Sie heute ganz einfach auf Presseportalen publizieren. Es gibt auch Dienstleister die dies für Sie auf zahlreichen Portalen veröffentlichen (https://pr-gateway.de). Achten Sie darauf, dass Ihre Meldung SEO-gerecht verfasst ist und vermeiden Sie es, zu marktschreierisch und werbend zu formulieren – Meldungen, die zweifelsfrei einfach nur Werbung sind und keinen News-Wert besitzen, werden von den Portalbetreibern gerne aussortiert.

9.3.5 Eintragung auf Preisvergleichsseiten

Es kann interessant sein, wenn der Eintrag auf Preisvergleichswebsites wie billiger.de, idealo.de und guenstiger.de, besonders, wenn Sie sich in einem sehr preisaggressiven Segment bewegen und aufgrund Ihrer niedrigen Preise hier punkten können. Der Eintrag ist kostenpflichtig, die Gebühren variieren von Seite zu Seite. Manche Seiten arbeiten mit Pauschalpreisen, die meisten jedoch nutzen ein auf Klickraten basierendes Modell, gegebenenfalls in Kombination mit einem Festbetrag. Üblicherweise übermitteln Sie dem Anbieter eine Datei (das Format und die Formatierung sind abhängig von den Vorgaben des Anbieters) mit den notwendigen Angaben für die Einspeisung ins System.

Analysieren Sie die jeweiligen Seiten bevor Sie sich anmelden. Haben Sie in der Preisschlacht der Seite mit Ihrem Angebot überhaupt eine Chance? Wie werden die Produkte und Preise überhaupt dargestellt? Wird der Eintrag für Ihre Kunden überhaupt interessant sein? Überprüfen Sie regelmäßig, ob die Investition lohnt. Häufig gewinnen nur große Portale mit dieser Art von Werbung.

9.3.6   Zusammenarbeit mit Bloggern und Influencer

Diese Art der Werbung kann äußerst gewinnbringend sein. Eigentlich ist es ganz einfach: Sie suchen sich einschlägige und gut besuchte Blogs oder Influencer im Netz heraus, die thematisch zu Ihrem Shop passen. Dann nehmen Sie mit dem Betreiber Kontakt auf und bieten an, ihm ein Produkt zur Rezension zur Verfügung zu stellen. Er oder sie erhält das Produkt gratis (vielleicht dazu eine Vergütung) und kann es behalten – im Gegenzug wird im Blog, Video, Story oder welches Format auch immer eine Veröffentlichung erscheinen. Messen Sie die Kampagne in Google Analytics, ob diese sich gelohnt hat. Denn viele Klicks bedeuten leider nicht immer das auch entsprechend viele Transaktionen, die auf dem Shop dann tatsächlich stattfinden.

9.4   Kosten

Was kostet Onlinewerbung? Im Grunde ist die Frage falsch gestellt: Es muss vielmehr heißen, „was darf es kosten?". Im Businessplan sollten Sie ein Werbebudget einkalkuliert haben – jetzt ist es Zeit, dieses wieder hervorzuholen. Wie viel können Sie ausgeben? Aber auch: Wie viel Zeit können Sie investieren? Es gibt sehr effektive Werbemethoden, die wenig Geld, aber dafür viel Zeit kosten – und umgekehrt. Richten Sie sich nach Ihren individuellen Erfordernissen.

Konzentrieren Sie sich im Zweifelsfall auf einige Methoden, die in Ihrem Fall den höchsten Nutzen versprechen. Ein pauschaler Rat ist hier kaum möglich, da sich die Wirksamkeit von Maßnahmen je nach Zielgruppe und Produktpalette unterscheiden. Generell kann jedoch gesagt werden, dass sich am Anfang das Thema SEO und Google Shopping lohnt. Bei SEO müssen Sie früh anfangen, da Resultate viele Monate auf sich warten lassen. Für Google Shopping können Sie mit wenigen Kniffen Online gehen und können schnell und messbar Kampagnen hochfahren. Bei Google Shopping können Sie sogar Smarte Kampagnen ausprobieren bei dem Google einfach nur noch einen Algorithmus alles machen lässt. Aber bitte prüfen Sie alle Kampagnen und machen Sie nach 1 Woche einen Strich unter die Zahlen, um herauszufinden, ob sich das für Sie wirklich lohnt.

Auswertung – von der Google Analytics-Statistik bis zum Kundenfeedback

10

Zusammenfassung

Sie können als Onlineshop Betreiber auf verschiedenerlei Weise die Reaktionen Ihrer Kunden auswerten. Zum einen stehen Analysetools wie Google Analytics und A/B-Tests zur Verfügung, mit denen Sie statistische Erhebungen vornehmen können. Zum anderen können Sie auch den Kunden in Form von Feedbackformularen direkt ansprechen.

10.1 Google Analytics

Mit Google Analytics stellt der Suchmaschinenriese Ihnen als Onlineshop Betreiber ein sehr nützliches und obendrein kostenfreies Analysetool zur Verfügung. Mit seiner Hilfe können Sie den Verkehr auf Ihrer Seite genau unter die Lupe nehmen und wertvolle Schlüsse für Ihre Vermarktungsstrategien und Seitenoptimierung ziehen. Indem Sie überprüfen, wie viele Zugriffe auf Ihren Shop erfolgen, über welchen Weg der Nutzer auf Ihre Seite gekommen ist, welche Keywords bei der Suche verwendet wurden etc., können Sie Ihre SEO- und Marketingmaßnahmen optimieren und so hoffentlich Ihre Umsätze erhöhen. Wichtig ist hierbei jedoch, dass die Datenschutzbestimmungen über einen entsprechende Besucher Einwilligung (Consent) eingehalten werden.

Google Analytics stellt Ihnen eine Vielzahl sehr nützlicher Informationen zur Verfügung. Sie können z. B. genau ersehen

- wie viele Besucher Ihre Seite insgesamt hat;
- ob es sich um neue oder zurückkehrende User handelt;
- welche Art von Gerät der User nutzt, um Ihren Shop anzusehen;

© Springer Fachmedien Wiesbaden GmbH, ein Teil von Springer Nature 2022

Y. Süß, *E-Commerce für kleine und mittelständische Unternehmen*,

https://doi.org/10.1007/978-3-658-38665-8_10

- auf welchem Weg ein Besucher auf Ihren Shop gelangt ist; z. B. Google Ads, Newsletter, Links etc.; auf dieser Basis können Sie den Effekt Ihrer Marketingmaßnahmen direkt evaluieren;
- welche Keywords bei einer Suche mit einer Suchmaschine vom User benutzt wurden – eine wichtige Information für Ihre SEO-Maßnahmen;
- ob der User sich lediglich auf der Startseite umsieht und sofort wieder weiterzieht oder ob er innerhalb des Shops weitersurft; eine hohe sogenannte „Bounce Rate", d. h. Anzahl von Usern, die nur die Startseite und sonst nichts ansehen, ist ein Alarmzeichen – Sie müssen dann dringend Ihre Startseite optimieren, denn offenbar lädt sie nicht zum Verweilen bzw. Weiterklicken ein.
- wie lange Nutzer insgesamt in Ihrem Shop verweilen;
- wie sich die Nutzer in Ihrem Shop bewegen, d. h. von welcher Seite Sie zu welcher anderen Seite wechseln, was sie sich ansehen, wie lange sie wo bleiben etc.; hieraus können Sie Schlüsse auf interessante und weniger interessante Produkte aus Ihrem Angebot ziehen;
- um welche Uhrzeit besonders viele oder wenig User auf Ihren Shop zugreifen; dies ist eine wichtige Information für die Uhrzeiten, zu denen Sie Bannerwerbung schalten oder Newsletter senden sollten;
- Alter, Geschlecht, Herkunft und Interessensgebiete Ihrer Kunden; so können Sie Ihre Zielgruppe noch erfolgreicher targetieren und auch feststellen, welche Produkte bei welcher Altersgruppe, welchem Geschlecht gut ankommen, ob ältere Kunden mehr Geld ausgeben als jüngere etc.;
- welche Conversion Rate Ihr Shop erreicht, d. h. was das prozentuale Verhältnis der Gesamtzahl der Besucher und der Zahl derer, die tatsächlich einen Kauf abschließen, ist. Wenn 6 von 100 Besuchern einen Kauf tätigen, so handelt es sich um eine Conversion Rate von 6 % – ganz einfach eigentlich; eine Conversion Rate von 2–3 % gilt als guter Durchschnittswert. Das klingt vielleicht nach wenig – wenn Sie aber als Neuling im Geschäft hier landen, sind Sie schon ganz gut unterwegs.
- an welcher Stelle Kunden einen Kaufvorgang abbrechen; die betroffenen Seiten müssen nach Ursachen durchsucht und entsprechend verbessert werden.

All diese Informationen können Sie erfolgreich zur Optimierung Ihrer Vermarktungsstrategien und SEO-Maßnahmen einsetzen. Sie geben Ihnen ein umfassendes Bewegungs- und Vorliebenbild Ihrer Kunden. Auch können Sie ermitteln, welche Seiten Ihres Shops beliebt sind und welche nicht, wo Kunden sich aufhalten und wo sie schnell weiterklicken. Diese Daten sind die Basis für eine Verbesserung Ihrer Dienstleistung. Besonders wichtig ist auch, an welchen Stellen Kunden ggf. aus dem Kaufprozess aussteigen, damit Sie auf dieser Basis Ihren Check-out verbessern können, indem Sie sich fragen, was auf einer bestimmten Seite zur Aufgabe seitens des Kunden führt.

10.1.1 Das Datenschutzproblem

Google Analytics ist aus Datenschutzsicht höchst umstritten – und diesen Aspekt dürfen Sie als Websitebetreiber niemals vergessen – da verändert sich durch den Nachfolger Google Analytics 4 auch nicht viel. Google Analytics erlaubt das Tracken von IP-Adressen, der individuellen Kennung eines jeden Computers, und auch das Anlegen von Benutzerprofilen – aus deutscher Sicht ist dies ein Eingriff in den Datenschutz. Das Speichern persönlicher Daten ist laut Telemediengesetz nur nach vorheriger Einwilligung erlaubt. Daher stand Google Analytics von Anfang an unter misstrauischer Beobachtung; seit 2011 gilt, dass das Tool unter Auflagen verwendet werden darf:

- Es darf nicht die gesamte IP-Adresse gespeichert werden; zu diesem Zweck hat Google eine Erweiterung konzipiert, die Sie unbedingt aufnehmen müssen. In den Trackingcode (siehe 10.2) muss der Parameter „anonymizeIp" aufgenommen werden; dieser sorgt dafür, dass die IP nur anonymisiert gespeichert wird. Dies lässt sich auch als Parameter im Google Tag Manager hinterlegen.
- Ihre Datenschutzerklärung muss auf die Nutzung von Google Analytics hinweisen.
- Dem Kunden muss ein Widerspruchsrecht eingeräumt werden.

Auch heute noch steht Google Analytics unter strenger Beobachtung. Im Februar 2022 hat Frankreich zuletzt Google Analytics als Verstoß gegen die DSGVO angezählt.

In der Datenschutzerklärung müssen Sie explizit deutlich machen, dass Sie Google Analytics nutzen. Es gibt zahlreiche Tools im Internet, über die eine Generierung der Datenschutzerklärung möglich ist. Einer dieser Anbieter ist zum Beispiel e-recht24.de (https://www.e-recht24.de/muster-datenschutzerklaerung.html). Dort können Sie diese kostenlos generieren. Der Aufpreis lohnt sich in der Regel nicht.

Falls Sie in einem größeren Unternehmen oder komplexeren Projekt arbeiten, dann sollten Sie selbstverständlich mit einem Rechtsanwalt oder der eigenen Rechtsabteilung zusammenarbeiten.

Für die meisten – gerade kleinen Projekte – ist die oben genannte Erklärung vollkommen ausreichend.

10.1.2 Die Implementierung mit Google Tag Manager

Um die ganzen Tools wie Google Analytics, Google Analytics 4, Google Optimize, Facebook Pixel, Pinterest, Google Ads, Google Remarketing, Hotjar und viele andere Anbieter zu integrieren benötigen Sie als einfache Verwaltung den Google Tag Manager. Die Integration ist nicht einfach und in der Regel ein eigenes Spezialgebiet. Deshalb würde ich Ihnen empfehlen sich einen Spezialisten zu suchen der Ihnen das integriert. Falls Sie sich doch Schritt für Schritt in die Integration stürzen möchten, kann ich Ihnen den Mastermind im Tag Manager Simo Ahava empfehlen. Seine Website finden Sie unter: https://simoahava. com – dort gibt es ein Guide für die Integration vom Google Tag Manager für E-Commerce (https://www.simoahava.com/analytics/enhanced-ecommerce-guide-for-google-tag-manager/) und ein eigener Guide für Google Analytics 4 (https://www.simoahava.com/analytics/google-analytics-4-ecommerce-guide-google-tag-manager/). Die Anleitungen sind alle in Englisch und auf einem recht hohen Niveau. Wer nach einer deutschen Anleitung sucht wird bei Google schnell fündig. Dort kann ich keine Empfehlung aussprechen, da sich der Inhalt immer so schnell ändert.

10.1.3 Ziele und Key Performance Indicators

Um Google Analytics effizient nutzen zu können, ist es sinnvoll, sich vorab einen Überblick über die relevanten Key Performance Indicators (KPIs) zu machen. In der Datenflut von Google Analytics kann man sich über Stunden und Tage verlieren, doch es ist weit effizienter, das Tool strukturiert anzuwenden und gezielt diejenigen Informationen zu analysieren, die Sie brauchen. Sie sollten sich im Vorhinein im Klaren sein, was für Sie wichtig ist und was Sie interessiert, und Ihre Einstellungen entsprechend vornehmen.

Idealerweise haben Sie Ihre Ziele bereits im Businessplan identifiziert. Falls nein, sollten Sie dies schleunigst nachholen. Welche wichtigen Ziele haben Sie? Natürlich ist das ultimative Ziel der Verkauf möglichst vieler Produkte, doch es gibt auch noch kleinere Unterziele, die Sie definieren können, wie z. B. die Anmeldung zu Ihrem Newsletter oder das Anlegen eines Wunschzettels oder das Ansehen eines Produkt- oder Werbevideos. Schlüsseln Sie Ihre Ziele auf – und veranlassen Sie dann über Google Analytics die entsprechende Analyse.

Wichtige KPIs für Onlineshops sind unter anderem:

- Besucherzahl
- Verhältnis Alt- und Neubesucher/-kunden
- Bounce Rate
- Verweildauer und Seiten, die während des Besuchs angeklickt werden
- Exitrate (wo verlässt der Kunde den Shop)
- Bestellwert
- Conversion Rate
- Absprungrate (abgebrochene Käufe inklusive Seiten, auf denen dies passiert)

Stellen Sie sich Ihre individuelle Liste der für Sie wichtigen KPIs zusammen und suchen Sie sich bei Google Analytics die entsprechenden Funktionen aus, die Ihnen Antworten auf Ihre Fragen liefern.

10.1.4 Die Funktionen von Google Analytics

Google Analytics bietet diverse Bericht-Funktionen an, in denen Daten zu bestimmten Themenkomplexen zusammengefasst und aufbereitet werden. Die Inhalte der Berichte können Sie individuell zusammenstellen, je nachdem, was für Sie am interessantesten und relevantesten ist. In Ihrem Konto finden Sie ein sogenanntes „Standard-Dashboard", in dem von vornherein einige relevante Standardwerte ausgewertet und angezeigt werden. Dieses Dashboard können Sie nach Ihren Bedürfnissen ändern bzw. erweitern, oder Sie können auch mehrere Dashboards für unterschiedliche Aspekte der Analyse einrichten. Google bietet zur Bedienung sehr gute und ausführliche und leicht verständliche Erklärungen.

Sofern Sie das wünschen, können Sie sich auch in regelmäßigen Abständen die für Sie relevanten Auswertungen per Mail senden lassen.

Im Standard-Dashboard finden Sie die Analyse-Kategorien Echtzeit, Zielgruppe, Akquisition, Verhalten und Conversion. Sie können sich hier jeweils nach einigen Definitionen Statistiken anzeigen lassen, z. B. Zeiträume und andere Filter anwenden, um für Sie relevante Informationen zu erhalten.

10.1.4.1 Echtzeit
Interessant ist die Echtzeitstatistik: Sie erfahren hier fast sekundenaktuell die Anzahl der aktiven Nutzer im Shop sowie deren Aktivitäten. Der Echtzeitbericht ist daher äußerst nützlich, wenn Sie erfahren wollen, welchen Werbenutzen z. B. ein eben verschickter Newsletter, ein gerade veröffentlichter Blogbeitrag oder eine eintägige Werbeaktion entfaltet. Innerhalb von Sekunden taucht eine Aktivität im Bericht auf – Sie sind praktisch live im Geschehen dabei.

10.1.4.2 Zielgruppe
In diese Kategorie fällt alles, was mit den Besuchern Ihres Shops zusammenhängt. Sie können hier analysieren, wie viele Besucher Sie haben, zu welchen Zeiten sie bei Ihnen im Shop landen, mit welchem Gerät die potenziellen Kunden auf den Shop zugreifen, auf welchen Seiten sie sich wie lange aufhalten und wo sie den Shop wieder verlassen. Daraus können Sie verschiedene Maßnahmen ableiten:

- Besuchszeitpunkt: Diese Information sollten künftig Ihre Marketingaktionen mitbestimmen. Wenn Ihre Kunden am Wochenende surfen, verschicken Sie auch Ihren Newsletter am Wochenende. Sind sie eher abends unterwegs, passen Sie sich entsprechend an.
- Besuchsdauer und Absprungrate: Verschwinden viele User nach wenigen Sekunden, also einem kurzen Blick auf Ihre Startseite, wieder? Sie können diese User über das Segment „Besuche ohne Absprünge" filtern. Ist diese sogenannte Bounce Rate sehr hoch? Dann stimmt eventuell etwas mit Ihren Keywords und Ihren Link-Ankertexten nicht – offenbar kommen viele User mit falschen Erwartungen auf Ihre Seite, bemerken

dies nach einem kurzen Blick und verschwinden wieder. Es kann auch an einer schlechten Usability liegen – der Kunde findet nicht, was er sucht. Oder Ihre Startseite vermittelt optisch nicht, was Ihre Zielgruppe sich erwartet. In allen Fällen besteht Optimierungsbedarf – denn auch die Suchmaschinen beziehen die Bounce Rate mit ein, so dass eine hohe Anzahl an Abspringern zu einer schlechteren Platzierung in der Liste der Suchergebnisse bei Google führen kann.

- Neulinge oder Wiederholungsbesucher: Eine sehr wichtige Statistik, denn eine hohe Zahl von Rückkehrern ist ein Zeichen für Kundenzufriedenheit. Haben Sie dagegen eine Menge Kunden, die einmal kommen bzw. kaufen und dann wegbleiben, sollten Sie sich Gedanken über die Nutzerfreundlichkeit Ihres Shops machen, oder auch über die Qualität und Relevanz Ihres Produktangebots. Interessant ist wiederum die Anzahl der neuen Besucher nach einer Marketingmaßnahme – Sie können Erfolg oder Misserfolg direkt an den Neubesucherzahlen ablesen.
- Besuchsdauer und Verhalten im Shop: Sie können sich anzeigen lassen, wie lange und auf welchen Seiten sich Besucher aufgehalten haben. Dies gibt Ihnen wichtige Hinweise, welche Seiten und Produkte interessant sind, welche weniger.
- Demografische Daten wie Alter, Geschlecht, Interessen etc. können Sie sich ebenfalls anzeigen lassen und erfahren auch, welche Zielgruppe die höchsten Umsätze bei Ihnen erzielt – eine wichtige Information, um das Profil Ihres Shops nochmals zu schärfen. Der Gruppe, die für Ihren Umsatz am wichtigsten ist, sollten Sie entsprechend Angebote machen, d. h. Seite und Produktpalette hierauf abstimmen.

10.1.4.3 Akquisition

Hier geht es darum, auf welchem Weg Kunden zu Ihrem Shop finden. Google sortiert die Zugriffe nach Suchmaschinenergebnissen, direkten Zugriffen und Zugriffen über Links. Sie können auch einzelne Kampagnen zur Nachverfolgung registrieren. Mit diesen Statistiken können Sie zweifelsfrei feststellen, wie gut Ihre SEO- und Marketingmaßnahmen funktionieren und künftige Marketingaktionen entsprechend planen.

- Suchmaschinen: Wie viele Nutzer kommen über Suchmaschinen? Und welche Keywords benutzen sie dabei? Dies können Sie in den Bereichen „Suchmaschinenoptimierung" und „Suchanfragen" einsehen. Häufige Keywords sollten Sie entsprechend verstärkt nutzen. Behalten Sie die Sache aber im Auge – es gibt auch Trends bei den Keywords, die kommen und gehen.
- Ads: Auch die Zugriffe über Google Ads können erfasst werden, sofern Sie das Google Ads-Konto mit Google Analytics verknüpft haben. So bekommen Sie einen klaren Begriff davon, ob Ads sich für Sie lohnt.
- Newsletter: Sie können überwachen, wie viele Nutzer durch einen Link in einem Newsletter zu Ihnen finden. Hierzu müssen Sie den URLs im Newsletter entsprechende Parameter anhängen.

- Soziale Medien: Sie können hier auch erkennen, wie viele Nutzer über soziale Medien wie Facebook u. ä. zu Ihnen gelangen. Wenn dieser Weg nur von wenigen Kunden genutzt wird, sollten Sie Ihre Maßnahmen im Social-Media-Bereich verstärken.
- Sonstige Links: Auch sonstige Pfade werden angezeigt – Sie können also ablesen, welche Links besonders effektiv sind.

10.1.4.4 Verhalten

Im Block Verhalten werden die Aktivitäten der User auf Ihrer Seite erfasst.

- Ladegeschwindigkeit: Diese Statistik finden Sie unter „Websitegeschwindigkeit". Sind hier lange Ladezeiten angezeigt, müssen Sie handeln, denn diese können gravierende negative Auswirkungen haben – sicher klicken auch Sie immer wieder einmal entnervt eine Website weg, die sich im Schneckentempo aufbaut. Zudem spielt die Ladezeit auch im Google Ranking eine Rolle – zu langsame Seiten werden abgewertet. Sie erhalten zusätzlich zur Erhebung auch Empfehlungen zur Optimierung von langsamen Seiten – eine nützliche Hilfestellung.
- Verhaltensfluss: Sie können sich grafisch veranschaulicht anzeigen lassen, wie sich die Nutzer durch den Shop bewegen und wie lange sie wo verweilen. Besucht der Kunde sehr viele Seiten, bevor er „hängenbleibt"? Dann ist vielleicht die Seite zu unübersichtlich, und der Kunde konnte nicht gleich finden, was er sucht. Auch wo Kunden den Shop verlassen ist interessant. Ist es häufig dieselbe Seite? Warum? Nervt hier etwas? Ist etwas kompliziert zu verstehen? Gehen Sie der Sache nach.

10.1.4.5 Conversion

Hier kommt es zum Showdown: Erreichen Sie Ihre Ziele? Kommt es zum Kauf? Um hier tragfähige Daten zu bekommen legen Sie in Google Analytics unter „Verwalten" im Bereich „Datenansicht" im Menüpunkt „Ziele" Ihre Zielsetzungen fest – ob das nun eine bestimmte Verweildauer, die Registrierung als Kunde, der Kauf eines Produkts, ein bestimmter Warenkorbwert oder das Abonnieren des Newsletters ist.

Besonders nützlich ist der Conversion-Trichter. Diese Visualisierung veranschaulicht, wo im Verlauf Ihres Check-out Prozess Kunden verstärkt abspringen. Dies zeigt klar auf, wo Optimierungsbedarf besteht.

10.2 Kundenfeedback

Google Analytics liefert Ihnen als Onlineshop Betreiber viele aufschlussreiche Daten und Ansatzpunkte für Verbesserungen. Jedoch sollten Sie die sehr „traditionelle" Methode des Direktfeedbacks vom Kunden nicht unterschätzen. Denn die ungefilterten Eindrücke der Menschen, die Ihren Shop nutzen, zeigen Ihnen Probleme oft klarer und unverfälschter auf, als irgendeine Statistik es könnte. Denn Statistiken müssen interpretiert werden, und Sie können dabei auch leicht völlig danebenliegen. Möglicherweise ist der Grund, den Sie für Ihre hohe Kaufabbruchrate identifiziert haben, gar nicht das Problem – vielleicht ist es tatsächlich ein anderer Aspekt, der die Kunden vertreibt. Nutzen Sie darum, wenn irgend möglich, direktes Kundenfeedback als Optimierungsmaßnahme.

▶   Wichtig: Nehmen Sie das Kundenfeedback auch ernst. Nachweislich ist ein Grund, warum sich vergleichsweise wenig Menschen an Umfragen beteiligen, das Gefühl, dass sich „ja doch nichts ändert". Wertschätzen Sie die Tatsache, dass Menschen Ihnen und Ihrem Unternehmen Zeit und Gehirnschmalz widmen – werten Sie die Informationen aus und nutzen Sie sie zur Optimierung.

10.2.1 Der Feedbackbutton

Einige Shopsysteme bieten ein Feedbackmodul an, mit dem Sie einen entsprechenden Button auf Ihrer Seite integrieren können. Dieser führt den Nutzer zu einer Eingabemaske mit Fragen und Bewertungsmöglichkeiten; diese können Sie frei gestalten (siehe Abb. 10.1). Es gibt auch zahlreiche Tools die ein Feedback Bogen einbinden. Ein kostenloses ist zum Beispiel hotjar (https://www.hotjar.com/). Dies kann nicht nur Feedback einholen, sondern generiert auch wertvolle Heatmaps.
    Weniger ist mehr: Widerstehen Sie der Versuchung, den Kunden mit zu vielen Fragen zu belasten – die wenigsten User verspüren Lust, Ihre Zeit damit zu verbringen, endlose Fragebögen zu beantworten. Beschränken Sie sich auf eine Handvoll relevanter Fragen. Die Chance, dass mehr Personen die Feedbackmaske ausfüllen, steigt dadurch. Relevant sind vor allem Fragen zum Thema:

* Weg auf die Seite (Quelle, wie ist der Kunde auf den Shop aufmerksam geworden?)
* Produktangebot (Zu viele Produkte? Zu wenig? Zu teuer? Gut präsentiert? Bilder?)
* Usability (Hat der Kunde direkt sein Produkt gefunden? Alle Fragen beantwortet? Versandkosten gefunden?)

Abb. 10.1 Feedbackbutton

- Check-out Prozess und Zahlungsmethoden (Offene Fragen zu Bezahlmethoden? Sicher gefühlt? Probleme beim Prozess? Welche Zahlmethode und warum?)
- Gründen für einen etwaigen Abbruch (Preis zu hoch? Vertrauen? Versandkosten? Mitbewerber günstiger gefunden?)
- Service (Erwartet der Kunde kostenlosen Rückversand? Waren die Antwortzeiten schnell genug? Wie gut wurde die Reklamation abgewickelt?)
- Verbesserungsanregungen

Achten Sie darauf, dass die Fragen unmissverständlich gestellt sind – der Kunde möchte sich nicht lange damit aufhalten, den Fragebogen zu interpretieren. Gestalten Sie die Fragen kurz und knackig – langatmige Ausführungen ermüden den Kunden und können dazu führen, dass dieser die Befragung abbricht, was nicht in Ihrem Sinne ist. Wenn möglich, empfiehlt es sich, auf Multiple-Choice-Fragen zurückzugreifen – die Vorgabe mehrerer Auswahlmöglichkeiten vereinfacht den Prozess für den Kunden. In einigen Fällen empfehlen sich jedoch offene Antworten, z. B. wenn der Kunde seine Einschätzung zum Thema Usability-Probleme o. ä. abgeben soll. Hier werden Sie allein mit Multiple-Choice keine aussagekräftigen Antworten erhalten.

Sie können den Feedbackbutton auf jeder Seite des Shops anklickbar machen, oder die Möglichkeit des Feedbacks lediglich nach abgeschlossenem Kauf zur Verfügung stellen. Letztere Methode bedeutet jedoch, dass sie kein Feedback von den Kunden bekommen, die sich gegen einen Kauf auf Ihrer Seite entschieden haben – und gerade diese sind für Sie aus Optimierungssicht interessant! Insofern empfiehlt es sich, allen Nutzern die Möglichkeit des Feedbacks zu öffnen. Sie erhalten schlicht mehr Daten zur Auswertung.

10.2.2 Befragung des Kundenstamms

Registrierte Kunden können Sie alternativ auch direkt mit einer Fragebogenaktion ansprechen, d. h. sämtliche Newsletterempfänger können ein Formular zugeschickt bekommen. Dies ist über Tools wie Google Forms (https://www.google.com/forms/) kostenlos möglich. Benutzen Sie diese Möglichkeit des Feedbacks aber sparsam. Schreiben Sie jeden Kunden hierzu nur einmal an – niemand möchte alle paar Monate mit einem neuen Fragebogen bombardiert werden.

10.2.3 Produktbewertungen

Produktbewertungen geben Ihnen nützliche Informationen darüber, wie Ihr Sortiment von Ihren Kunden beurteilt wird. Auch diese Funktion lässt sich in die meisten Shopsysteme problemlos integrieren. Sind die Bewertungen positiv, wunderbar! Erhalten Sie jedoch schlechte Bewertungen, sollten Sie Maßnahmen ergreifen. Was wird kritisiert? Die Produktqualität? Dann sollte das betreffende Produkt entweder verbessert oder aus dem

Sortiment genommen werden? Ist das Produkt eher ungeeignet für den vorgesehenen Nutzen? Nicht kompatibel mit anderen Produkten? Was immer kritisiert wird, nehmen Sie die negativen Kommentare ernst.

Bewertungen sind überdies auch ein Marketingtool – viele Kunden schauen sich die Bewertungen an, bevor sie eine Kaufentscheidung treffen. Lassen Sie sich jedoch nicht verleiten, jegliche negative Bewertungen sofort zu löschen – Erhebungen haben gezeigt,[1] dass dies Kunden misstrauisch macht, 95 % zweifeln dann an der Glaubwürdigkeit und Echtheit der Bewertungen und vermuten Manipulation. Eine endlose Reihe von 5-Sterne-Bewertungen ist also nicht verkaufsfördernd. Sind negative Kommentare also nicht gerade schlicht gelogen und diffamierend, lassen Sie sie stehen. Häufig schauen sich Kunden als erstes die negativen Kommentare an, um sich zu orientieren. Negative Bewertungen bedeutet nicht, dass der Kunde das Produkt nicht kaufen will – viele Kunden entscheiden nach Durchsicht der schlechten Bewertungen auch, dass die kritisierten Aspekte für sie nicht relevant sind. Lassen Sie also den Dingen in einem gewissen Rahmen ihren Lauf.

10.3   A/B-Testing

Der A/B-Test ist ein wenig aufwendiger, aber eine sehr aufschlussreiche Maßnahme. Bei diesem Verfahren testen zwei Gruppen dieselbe Website in unterschiedlicher Aufmachung, Variante A und B. So können Sie z. B. Ihre Shopseite in unterschiedlichen Designs an Kunden testen, mit einer anderen Farbgebung, anderer Startseitengestaltung, unterschiedlichen Check-out Prozess o. ä. Die Auswertung der KPIs (z. B. Conversion Rate, Bounce Rate, Verweildauer etc.) ergibt, welche Variante bei den Kunden besser ankommt. Wichtig ist allerdings, immer nur einen Aspekt pro Testlauf zu verändern, da es ansonsten schwierig wird, zu identifizieren, worauf genau die Kunden nun „angesprungen" sind oder nicht.

Diverse Shop-Softwares bieten den A/B-Test als Modul an, häufig können diese mit Google Analytics ausgewertet werden. Auch über Ads ist A/B-Testing möglich. Sie können mithilfe der Software unterschiedliche Varianten Ihrer Shopseite anbieten; das Modul lenkt die ankommenden Nutzer im 50/50-Verhältnis auf die beiden Optionen um. Es gibt auch eine Lösung von Google die ich persönlich auch empfehle. Sie ist sehr mächtig und gleichzeitig kostenlos. Das Tool nennt sich Google Optimize (https://optimize.google.com/).

Für ein valides Ergebnis muss eine ausreichend große Gruppe von Testpersonen teilnehmen, ein Minimum von 1000 gilt als notwendig, 2000–3000 ist noch besser.

Das A/B-Testing empfiehlt sich besonders im Frühstadium Ihres Shops, oder wenn Sie tiefgreifende Veränderungen planen.

---

[1] http://www.absatzwirtschaft.de/ausschliesslich-positive-kundenbewertungen-machen-misstrauisch-17546/ 22.06.2016.

Stichwortverzeichnis

A

Abmahnung 62
Absprungrate 107
A/B-Test 112
A/B-Testing 112
Add-ons 16
Administration 16
Affiliate Marketing 98
Affiliate Werbung 98
Agenturcommunity 21
Akquisition 108
Algorithmus 82, 83, 85, 88, 100
Allgemeine Geschäftsbedingung (AGB) 52, 55, 59, 66
Amazon 20
Analysetool 6
anfängerfreundlich 19
Ankertext 87, 89, 107
API (Application Programming Interface) 13
Auslandssendung 76
Auslandsversand 76
Auswertungsmöglichkeit 19
Auswertungstool 23

B

B2B 19
B2C 19
Backend 13, 17
Backlink 85, 87, 88, 92
Bannerwerbung 104
Baukastensystem 20
Bedarfsanalyse 19
Benutzerfreundlichkeit 17
Benutzerführung 37

Beschwerdemanagement 79
Bestätigung 57, 58
Bestellprozess 71
Bestellung 15
Bestellverwaltung 20
Bewertung 2
Bildschirmgröße 14
Black-Hat-SEO 82, 90
Blog 6, 87, 89, 97, 102
Bonitätsprüfung 61, 65
Bounce Rate 104, 106–108, 112
Budget 3, 6, 7, 102
Bundesdatenschutzgesetz (BDSG) 52
Business Model Canvas 9
Business Plan Canvas 9
Businessplan 3, 6–8, 47, 79, 95, 102, 106

C

Check-out 19, 26, 43, 44, 65
Check-out-Prozess 42, 111, 112
CI 50
CI-Bildung 31
Cloud 13, 21, 22
Cloudlösung 17
Cloud-Version 19
Commerce 16
Community 19, 21
Content 5
Conversation Rate 8
Conversion 109
Conversion Rate 3, 36, 41, 44, 65, 104, 106, 112
Corporate Design 30, 32
Corporate Identity 29

© Springer Fachmedien Wiesbaden GmbH, ein Teil von Springer Nature 2022
Y. Süß, *E-Commerce für kleine und mittelständische Unternehmen*,
https://doi.org/10.1007/978-3-658-38665-8

Cost per Click (CPC) 99
Cross-Selling 39
CSS 17, 19, 47

D
Darstellungsform 14
Datenauswertung 13
Datenbank 13
Datenexport 14
Datenimport 14
Datenschutz 17, 60, 105
Datenschutzerklärung 105
Datenschutzgrundverordnung (DSGVO) 52
datenschutzkonform 13
Datenspeicher 13
Datenstandard 18
Datev-Export 21
Debitorenmanagement 66
Design 4, 29, 31, 47
    responsives 17
Dienstleistung 4, 15
Dienstleistungs-Informationspflichten-
        Verordnung (DL-InfoV) 52
Direktschnittstelle 14
Direktüberweisung 67
Drittmarkt 19
Drittprogramm 13
Dropdown-Menü 50
DSGVO 18, 21, 105

E
eBay 20
E-Commerce 22
E-Commerce- und Fernabsatzrecht des
        Bürgerlichen Gesetzbuchs (§ 312 b
        ff. BGB) 52
E-Commerce-Beratung 21
Eigenentwicklung 14, 20
Eigenprogrammierung 15
Einführungsgesetz zum Bürgerlichen
        Gesetzbuch (EGBGB) 57
E-Mail-Marketing 95, 100
Endgerät 14
Enterprise 22
Entwicklerressource 17
Entwicklung 14
Erlebniswelt 22
Exitrate 106

Extension, kostenpflichtige 19
Eye-Tracking 45

F
Facebook 6, 88, 95, 109
Feedback 45, 111
Feedbackbutton 110
Fernabsatzvertrag 57
Freelancer 17
Freemium 19
Frequency Capping 100
Frontend 13, 17, 19
Fulfillment-Dienstleister 77
Funktionalität 19

G
Gamification 44
Geldeingang 15
German Market 16
Germanized 16
Geschäftsmodell 9
Geschäftsplan 9
Geschwindigkeit 13
Gewinn 9
Google 15
Google Ads 99, 104, 108
Google Analytics 61, 91, 100, 103,
        105–109, 112
Google Search Console 81, 84, 91
Google Tag Manager 105
Google Trends 6
Google Webmaster Tools 84, 91
Großkunde 19
Grundfunktion 17
Grundmodul 18
Grundpreis 56

H
Host 13
Hosting 13, 19, 25
HTML 17, 19, 47

I
Impressum 53, 56, 62
Impressumspflicht 52
Individualisierung 21

Influencer 102
Inkassoverfahren 65, 67, 69
Instagram 6
Investition 12

J
JS 47
JTL 18

K
Käufergruppe 3
Key Performance Indicators (KPIs) 106
Keyword 82, 83, 90, 107, 108
Klickrate 3
Kommissionierung 76, 79
Kommunikationstool 23
KPIs (Key Performance Indicators) 8
Kreditkarte 63, 68, 69
Kundenfeedback 109
Kundengruppe 21
Kundenkonto 17, 35, 38, 43
Kundenprojekt 2
Kundensupport 7, 40

L
Ladezeit 14
Lagerhaltung 4
Lagerung 77
Ländereinstellung 21
Lastenheft 50
Lastschrift 69
Lastschriftverfahren 67
Layout 14
LESS 47
Lieferfrist 72
Lieferzeit 38, 77, 79
Logo 29, 30, 48, 50

M
Magento 22, 24, 25
  1 22
  2 22
Mahnfrist 59
Mahnung 65
Managementtool 23
Margenziel 3

Markenrechtsschutz 61
Marketing 20, 95, 108
Marketingaktivität 96
Marketingmaßnahme 6
Marketingtools 19, 112
Marktanalyse 3, 5
Markteinführungsstrategie 9
Marktplatz 11, 15
M-Commerce 32
Mehrsprachigkeit 19
Mehrwertsteuer 56
Menü 41
Meta Title 83
Migration 12, 14
Migrationskosten 24
Modul 16, 65, 67, 68, 98, 112
Multichannelingtool 20

N
Nachnahme 66, 69
Newsletter 61, 100, 104, 107, 108

O
Off-Page-Optimierung 82, 85, 90, 92
Onboarding 21
Onlinehandel 17
Onlineshop-Betreiber 13
Onlineshops 13, 15
Onlineshop-Terminologie 12
On-Page-Optimierung 82, 83, 85, 90, 92
Open-Source 5, 12, 14, 19, 27
Open-Source-Lösung 20, 21
Organisationswerkzeug 9
Oxid 19, 25

P
Payment-Abwickler 17
PayPal 63, 68, 69
Performance Fee 15, 20
Pflichtenheft 50, 51
Phishing 26
PHP 47
Plentymarket 20
Plugin 14, 15, 21
POS 17
Preisangabenverordnung (PangV) 52, 56
Preisberechnung 21

Preisgestaltung 4
Preisvergleichsportal 21
Preisvergleichswebsite 101
Pressearbeit 101
Pressemeldung 101
Prestashop 18
Produkt 15
Produktbewertung 111
Produktkategorie 15
Produktpalette 3, 15
Programm 14
Programmierer 13
Programmierkenntnis 22

Q
quelloffen 14

R
Rechnung 15, 63, 64, 66, 69
Rechtsabteilung 105
Rechtsanwalt 105
Rechtsstandard 19
Remarketing 100
Responsive Design 14, 32
Retourenmanagement 64, 72, 78, 79
Retourenprozess 78
Retourenquote 3, 8, 69, 72, 78
Retourenreduzierung 78
Risikomanagement 65
Rollenmanagement 20
Rückerstattungsmöglichkeit 17
Rücksendekosten 58
Rücksendung 36

S
Salesforce 23
Salesforce Commerce Cloud 23
SAP 23
SAP Commerce Cloud 23
Schaufenster, digitales 13
Schnittstelle 13, 19, 22
self-hosted 21
SEO 16, 82, 108
SEO-Kampagne 15
SEO-Keyword 85
SEO-Optimierung 20
Server 13, 25

Serveraufwand 17
Serverwahl 25
Servicekonzept 3, 6
Shopdesing 19
Shop-Größe 16
Shopify 16, 17, 24
Shopsoftware 15, 50
Shopsystem 3, 5, 11, 14, 17, 18
    Marktanteile 24
Shopumgebung 15
Shop-Verwaltung 17
Shopware 21, 25
Signaturgesetz (SigG) 52
Skalierbarkeit 23
Smartphone 32
Snippets 84
Social Media 95, 97, 109
Social Signs 88
Sofort-Überweisung 67, 69
Software 14
Softwareanwendung 14
Software-Experte 12
Softwarelösung 12
Softwareversion 14
Spitzenlast 23
SSL-Verschlüsselung 26
SSL-Zertifikat 13, 26
Staatsvertrag über Rundfunk und Telemedien
    (RStV) 52
Steuerberater 13
Storefront 15
Sub Shop 20
Suchfunktion 41
Suchmaschinenoptimierung (SEO) 81, 82
Suchmaschinen-Werbung 99
Supportaufwand 40
System 17
    quellofenes 20

T
Tablet 32
Teaser-Text 84
Telekommunikation-Telemedien-Datenschutz-
    Gesetz (TTDSG) 52
Telemediengesetz (TMG) 52, 105
Template 14, 19, 21, 22
Theme 16, 22
Trackingcode 105

Traffic 7, 14, 15, 25, 77
Twitter 6, 88

U
Überwachungstool 23
Umprogrammieren 12
Umsatz 7, 17
Umsatzbeteiligung 15, 17, 19
Umsatzziel 8
Unterlassungserklärung 62
Urheberrecht 61
Usability 4, 35, 36, 38–40, 46, 47, 50, 108, 110, 111
Usabilityanalyse 45

V
Verkaufskanal 23
Versand 42
Versandabwicklung 71
Versandkosten 38, 56, 72, 111
Versandkosteneinstellung 21
Versandmanagement 71, 77
Vertriebskanal 20
Visualisierung 9
Voranalyse 19
Vorkasse 66, 69

W
Warenlager 12

Warenwirtschaft 12, 15, 16, 20, 77
Warenwirtschaft, systemeigene 18
Wartungsaufwand 17, 22
Webdesign 14
Wechsel 14
Werbung 15
Wettbewerbsrecht 61
White-Hat-SEO 90
Widerrufsfrist 58
Widerrufsrecht 56, 58, 78
WooCommerce 16, 24, 25
Wordpress 16

X
XML-Sitemap 84, 91

Z
Zahlmethode 38
Zahlungsart 17, 38, 63
Zahlungsfrist 59
Zahlungsmanagement 66
Zahlungsmethode 64, 72, 111
Zahlungsmöglichkeit 64, 69
Zahlungsprozess 63
Zahlungsweise 64
Zalando 20
Zielgruppe 29, 50, 95, 107
Zusatzfunktion 17

Printed in the United States
by Baker & Taylor Publisher Services